京都おかず菜時記

五感食楽　季節のしたく

小平泰子
五感食楽 お料理教室 京都　主宰

もくじ

秋のしたく

冬のしたく

〈この本の使い方〉

1カップ＝200ml、大さじ＝15ml、小さじ＝5mlです

P124でご紹介のすり鉢を多用していますが、代わりにボウルを使っていただいてもかまいません

一度作ったお料理の応用編も度々ご紹介しています。レシピをほかのお料理にアレンジする発想を身につけると、お料理に広がりが生まれます。ぜひお試しください

京都の暮らしが
わたしの学び場。

五感食楽のこころ

三方を山に囲まれた京の街では、春はたけのこ、初夏には実山椒など、四季折々の味覚が私たちを楽しませてくれます。また、底冷えのする冬を乗り切るための工夫、市場の人が教えてくれる旬の野菜の調理法、祖母が教えてくれた「始末」の料理…。京の人たちが愛するお料理には、どれも物語があります。

そんな昔ながらの暮らしの知恵を伝え、自然の恵みを大切にする食文化を育んできたこの街のすべてが、私にとってなによりの学びの場です。

そして、いろいろな国をめぐり、お料理を学んでいるうちに気づきました。どの土地にいても、五感で旬を感じ、素材の魅力を引き出す習慣を身につけておけば、常識にとらわれず、自由にお料理の幅を広げることができるのだと。お揚げさんも、元は土で育ったお豆さんだと考えれば、イタリアンもエスニックも自由自在。そしてまたここにひとつ、物語のあるお料理が生まれるのです。

こうしてスタートしたのが「五感食楽　お料理教室　京都」です。京都の四季のしたくを通して、五感と暮らしの知恵を生かしたお料理のヒントをお伝えしていきます。

五感をフルに使う

ぱちぱちと弾けるごまの香ばしい音、新しょうがの清々しい香り、油をまとった賀茂なすの美しい紫色…。旬ならではの味わいや素材の魅力を五感全体で楽しめる、これはお料理が持つ素敵な魅力のひとつです。まずは素材の声に耳をすまし、香りや色を楽しみながら、お料理の一つひとつのしたくを自由に楽しむことから始めてみましょう。

また、「同じように作ったのに、いつもと味が違う」という歯がゆい経験をしたことはありませんか？ 同じお野菜でも、ずんぐりしたものもあれば、細っこいものもある。みずみずしいものもあれば、アクの強いものも。その日のお天気や気分によっても味わいは変わります。五感を意識していると、こういう違いにも自然と目がいくようになるもの。香りや色、触れたときのやわらかさ……。レシピを鵜呑みにするのではなく、ご自身の感覚を大切にすると、お料理はちゃんと美味しく応えてくれます。そしてきっと、大地の恵みに感謝せずにはいられないはずです。

発酵醤油
きぢ
http://kidisyouyu.com

分量は身体で覚える

お母さんが手慣れた様子で、ささっと感覚でお料理する姿。素敵ですよね。実はこれが、私が目標にしている姿。だから、お稽古で使うレシピには分量を記載していますが、調理では計量スプーンを使いません。

ただし、そのためには覚えていただきたい味付けの割合があります。薄口しょうゆとみりん（さっぱりめがお好みでしたら日本酒でＯＫ）が「1：1」。これがこの本でも基本となっています。また、一回に入れる量は最大で大さじ1程度。これを意識し、まずは「これくらいかな？」と思う量を、ためらわずに直接注いでみましょう。少しくらい前後しても大丈夫、この基本をベースに、後はご自身の五感を頼りに、理想の味に少しずつ近づけていけばよいのです。ちなみに、味の決め手となる「塩ひとつまみ」とは3本指でつまむ程度、「塩少々」は2本指でつまむ程度を指します。

みなさんは濃い味派？さっぱり派？どちらが正しいのかではなく、どちらが「お好み」か。ぜひ、ご自身の指と舌でお確かめください。

素材が喜ぶしたくを

体が喜び、しみじみ美味しくて、ほっとする。そして毎日食べても、飽きずにまた食べたくなる温もりがある。これこそが、私たちが求める家庭の味です。ポイントは、味を加えるのではなく、素材のよさを引き出すこと。お菜っぱなら、お水に浸けて鮮度を甦らせておく。豆腐の水気を切って、調味料をからまりやすくしておく。お大根なら、煮崩れない程度の火加減で煮る…。どれも些細なことですが、素材に丁寧な心配りをすることで、後の仕上がりが大きく変わってくるのです。

また、「分厚く皮をむく」「さっと煮る」という感覚的なことは、なかなか言葉ではわからないもの。でもじっと目を凝らせば、野菜の皮の目印（Ｐ１１２）や、色や香りの合図など、すべて素材が丁寧に教えてくれています。一つひとつのしたくの意味に気づき、素材と「対話」ができるようになると、自然と応用もできるはず。そして、これこそが「暮らしの豊かさ」だと私は思うのです。

五感食楽の調味料

素材の良さを引き出すための調味料は
いいものをほんの少し。
そのままいただいても美味しく
作り手の想いが見えるものを使いたい。
お教室では、京都のものを中心に、全国各地の
作り手の調味料を愛用しています。

**1. 乾物商ノムラ　天然利尻昆布と
削りたて上平花かつお**

1.5番だしを引くのに必要な素材。素敵なご夫婦が目の前で花かつおを削ってくださり、いつも新鮮なおだしを引くことができます。

**2. 長文屋
粉山椒と七味**

山椒の緑の美しさにホレボレ。香り高い七味は、好みに合わせて調合していただいたもの。ちなみに中辛で山椒多めが「My七味」。

**3. 合資会社八丁味噌
三河産大豆八丁味噌銀袋**

愛知の名産。独特の旨みがビーフシチューの隠し味、麻婆なす、炒めもの、唐揚げの

**4. 株式会社しま村
しま村の白味噌**

おみそではタブーとされる煮込みもOK。風味も飛ばず、塩辛くもならず、逆にまったりとした味わいが出るのがうれしい。

**5. 山中油店
玉締めしぼり胡麻油**

ごまの香りが上品でコクがあり、炒めものの味が面白いくらいランクアップします。揚げもの、和えもののほか、料理の仕上げにも。

**6. 原了郭
黒七味**

お肉料理にも重宝します。独特の風味は、からしやわさび、こしょうなどの代わりに使え

**7. きぢ醤油株式会社
うすむらさき**

京料理で欠かせない薄口しょうゆは、色が薄く、塩分が強めなのが特徴。こちらは塩気がきつくなく、旨みもギュッと詰まっています。

**8. 村山造酢株式会社
京酢 加茂千鳥**

ツンとしたすっぱさがなく、まろやか。おだしにもよく合うので京料理には欠かせません。お寿司、酢のもの、てっぱえと万能選手です。

**9. 白扇酒造株式会社
福来純三年熟成本みりん**

そのまま飲んでもとても美味しく、「美醂」と名付けられた理由にも納得。くどくなく、すっ

10. 株式会社北川本家
富翁 米だけの酒パック

素材をやわらかくしたり、煮ものやおつゆの風味付けに使える優秀なパック酒。どぼどぼ注げる気やすさもお気に入りです。

11. 株式会社北川本家
大吟醸酒の踏込粕

粕汁はもちろんのこと、残り野菜で粕漬けや炒めものに。お教室でも大人気の調味料で、やわらかくそのままでも抜群に美味しい。

13. 宝酒造株式会社
紹興酒「塔牌」花彫〈陳五年〉

いつものから揚げや炒めもの、煮もので、日本酒の代わりに使ってみてください。シンプルなお料理が一瞬で高級中華に早変わり!

14. ソルトビー
完全天日塩 海一粒

太陽、風、月の力だけで仕上げた旨みたっぷりの完全天日塩。1:1の味付けの仕上げに少し入れるだけで、驚くほど味が締まります。

おだしのしたく

お教室に来られた方にまずお教えするのが「1・5番だし」。「一番だし」の上品な味わい、「二番だし」のコクと栄養価、どちらの良さもあわせもつおだしです。この本でご紹介する煮もの、うどんだし、ドレッシングまで、さまざまなお料理に活用できるうえに、味も濃厚なので調味料を控えられるメリットも。冷蔵庫のポケットに常備しておけば、「今日はあれ作ろう」と心が弾む、頼もしい存在です。


〈参考〉

一番だし……お昆布もかつおも一番良い部分のみを抽出したもの。濁りのない澄んだ色のおだしは、おすましや茶碗蒸しなどに向きます。

二番だし……一番だしを引いた後のお昆布とかつおに残ったコクや栄養価を、コトコトと静かに煮て引き出したもの。

◆1・5番だしの引き方

5品ほどが作れ、冷蔵庫の扉のポケットにすっぽりと収まる便利な量。4日ほど日持ちするので常備して。

[材料・2ℓ分]
水……2・4ℓ
昆布……30g
かつお節……40g

[作り方]

1
鍋に水、昆布を入れ、1時間ほど置く。

2
鍋を中火にかけ、15分ほどして鍋肌に細かい気泡が出て、昆布もゆっくり揺らぎ始めたら、引き上げる。

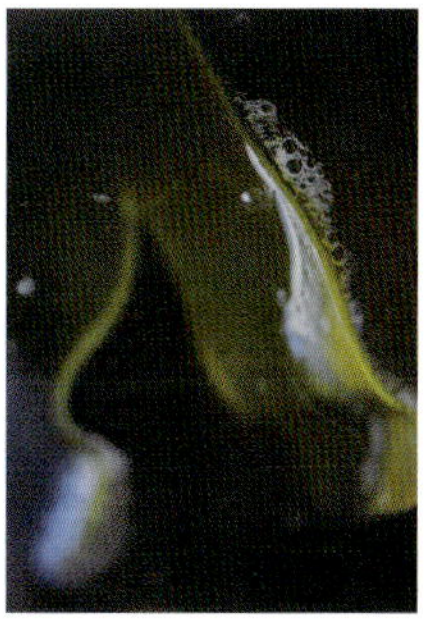

昆布は沸騰させると、臭みが出るので注意

3
火を強めていったん沸騰させる（昆布臭さとカルキ臭さが抜ける）。アクをさっとすくい火を弱め、沸騰の勢いを落ち着かせてから、かつお節を一気に加える。菜箸でくるりと混ぜ、静かにかつお節を沈める。

4
だしの表面がフラフラ揺らぐくらいの火加減で2分ほど火にかける。

濁りや雑味が出るので決して沸騰させないこと

5
こし器やさらしで静かにこす。

決して絞らないこと。自然にしたたり落ちるのを待つ

だしを引いた後の昆布は煮ものの落としぶた代わりにするとよい。さらに火が通り、味がしみるので、細かく切れば立派な箸休めにもなります

◆あっさりだし

五感食楽の定番の味わい。お鍋や煮もの、あんかけのベースなど、とにかく便利。本書でもP21・26・34・41・53・67・104・117・118などで使っています。

[材料]
1・5番だし……2カップ
薄口しょうゆ……大さじ1
みりん……大さじ1

好みで、塩で味をととのえてもよい

さっぱりさせたい場合は、みりんを日本酒に代えてもよい

日々のしたく

「あ、お揚げさん切れてる」「今日はお豆腐で済ませとこか」。いずれも京都では、卵や牛乳のように冷蔵庫に欠かせない、とても身近な存在です。これらを使ったお料理は、京都の知恵の結晶。そこに私なりの工夫を加えた、ハレにもケにも、そして現在の食生活にも簡単に取り入れていただけるしたくをご紹介します。

豆腐

ノンファットディップで七変化

煮てよし、焼いてよし、揚げてよし。はたまた、煮込みやすき焼きなどのコテコテの料理にも相性抜群のお豆腐は、和食における万能選手。しかし意外にも、「水っぽくなってしまいました」という生徒さんの失敗談を一番多く聞くのもお豆腐。そう、豆腐料理の大敵はこの水気。麻婆豆腐も揚げだし豆腐も、失敗するときは至って水切りが不十分なのが原因なのです。

ポイントは、手でお豆腐を半分に割ってみて、切り口から水気が出なくなるまで、きっちり水気を切ること。これできっと、苦手意識を克服できるはずです。

早速、水切りをした木綿豆腐で、豆腐ペーストを作ってみましょう。すり鉢やフードプロセッサーなどでなめらかにして、保存袋などに入れて冷凍しておくだけ。使いたいときに解凍すれば、白和えやひろうす、サラダ、お豆腐団子などに使えて便利。ぜひとも、作り置きをおすすめしたいしたくです。

このペースト、ちょっとひとくち味見してみてください。濃厚なお豆の味わいとクリーミーさが、まるでクリームチーズのよう。まさにこれは、ノンファットディップ！ アボカドを潰して加えたり、きゅうりやにんじんなどの野菜スティックのディップにも合います。体にやさしくてヘルシーだから、お子さまの流動食や、介護食としてもお使いいただけると思います。

◆したく

豆腐の水切り

1

木綿豆腐一丁を漬物容器（P125）に入れ、軽く圧をかける。または、さらしやペーパータオルで包み、落としぶたやまな板で重しをかけ、しばらく置いておく。

目安は、豆腐を2つに割り、切り口から水が流れ出ない程度まで

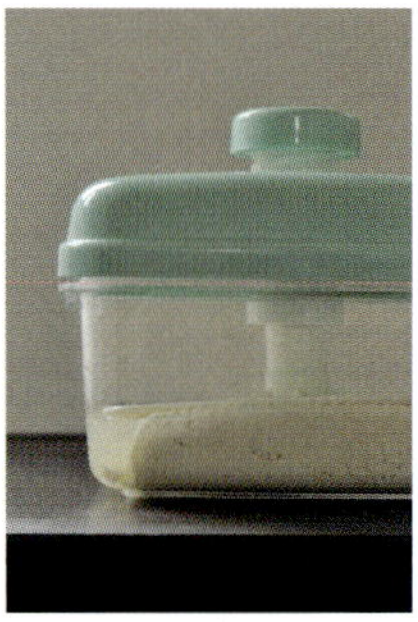

◎**白和えのコツ**（P22）

水切りした木綿豆腐を、すり鉢で全体がなめらかになるまですり混ぜる（写真）。すりこぎで円を描くように混ぜるのがポイント。

豆腐団子のみぞれ煮

万能ペースト「豆腐のたね」の基本編
P25・85でも季節のアレンジが楽しめます

[材料・4人分]

豆腐のたね
- 木綿豆腐……1丁(400g)
- A
  - 鶏ひき肉……200g
  - 塩……ひとつまみ
- B
  - 白ねぎ……$\frac{1}{2}$本
  - しょうが……1かけ
  - 薄口しょうゆ……大さじ$\frac{1}{2}$
  - 溶き卵……$\frac{1}{2}$個分
  - 片栗粉……大さじ1

水菜……1わ

大根おろし……120g

あっさりだし
- 1.5番だし……2カップ
- 薄口しょうゆ……大さじ1
- みりん……大さじ1

[作り方]

1　豆腐は水切りをする。長ねぎはみじん切りに、しょうがは薄く皮をむき、みじん切りにする。大根おろしはざるに上げ、したたり落ちる水気を切る。水菜は適当な大きさに切る。

2　ボウルにAを入れ、粘りが出るまで手でしっかりと練る(写真)。

3　1の豆腐とBを加え、さらに混ぜる。

4　あっさりだしを鍋に入れて火にかけ、沸騰したら火を弱め3を手で丸めるか、スプーンでまとめて煮る。

5　火が通ったら大根おろしを加える。ひと煮立ちしたら水菜を加え、色が変わったらすぐに器に盛る。

いちじくの白和え

あえて粗めに潰してお豆腐の食感を
出すと、素朴な味わいを楽しめます

[材料・2人分]

白和えの衣
- 木綿豆腐……$\frac{1}{2}$丁(200g)
- A
  - 練りごま……大さじ1
  - 砂糖……大さじ$\frac{1}{2}$
  - 薄口しょうゆ……小さじ$\frac{1}{3}$
  - 塩……ひとつまみ

いちじく……大2個
きゅうり……1本
こんにゃく……$\frac{1}{3}$枚

[作り方]

1　白和えの衣を作る。すり鉢に水切りした豆腐を入れ、すりこぎで丁寧にする。好みのなめらかさになったらAを加え、全体を混ぜ合わせる。

2　いちじくは皮をむき、ひとくち大に切る。きゅうりは小口切りにし、ボウルに入れて塩(分量外)をふる。水分が出てきたら軽くもみ、水洗いしてしっかり水気を絞る。こんにゃくは適当な大きさに切り熱湯でさっとゆで、水洗いして水気を切る。

3　白和えの衣に2を入れてよく和える。

いちじくのほか、ぶどうや柿、いちごともよく合います

おこふのおし

お雑煮(P115)の残りの白みそは、普段の
おつゆにも。じんわりとした味わいに

[材料・2人分]

絹ごし豆腐……$\frac{1}{4}$丁(100g)
大根……50g
油揚げ……20g
1.5番だし……2.5カップ
白みそ……大さじ4〜5

[作り方]

1　豆腐はキッチンペーパーで軽く水気を吸い取り、さいの目に切る。大根は皮付きのまま、油揚げは油を抜いて(P24)それぞれ千切りにする。

2　鍋に1.5番だしと大根を入れ、やわらかくなるまで煮る。油揚げと豆腐を加え、どちらも温まったら一度火を止める。

3　白みそを溶き入れて再び火にかけ、沸騰寸前に火を止めて椀に盛る。

鮭入りひろうす

あっさりとしょうがじょうゆでどうぞ
あんかけや野菜と炊いて含め煮にも

［材料·2人分］

木綿豆腐……1丁（400g）
甘塩鮭……中1尾
（骨、皮をはずして60g）
にんじん……20g
三つ葉……1束
A ┌ 溶き卵……1/2個分
　│ 長芋……50g
　└ 薄口しょうゆ……小さじ2

［作り方］

1　豆腐は水切りをする。にんじんは皮付きのまま千切りに、三つ葉は細かく刻む。長芋は皮をむいてすりおろす。
2　鮭は骨と皮を外し、細かく包丁で叩き、すり鉢でよくする。豆腐を加え、全体をよくすり混ぜる。
3　A、にんじん、三つ葉を加えてゴムベラで混ぜる。
4　手に油（分量外）をつけ、12等分に丸め、140度の低温の油で揚げる。ぷっかり浮いてきたら強火に切り替え、表面がきつね色になったら引き上げる。

じっくり火を通すため、はじめは低温で揚げること

一家に一枚。京のお揚げさん信仰

お揚げさん

一家に一台ならぬ一家に一枚。どの家も冷蔵庫に常備している、といっても過言ではないほど、油揚げは京都では身近な食べ物です。それも、同じくらい親しみのあるお豆腐やおからには付けないのに、油揚げは「さん」付けで呼ぶほどの寵愛ぶり。各家ご贔屓のお豆腐屋さんで買ってきては、おみそ汁や炊き込みご飯、お鍋に煮もの、和えものなど、毎日のおかずのどれかに登場。京都の人にとっては、お肉と同じくらい、手軽で大切なタンパク源なのです。

　さて、美味しい油揚げは、油までも美味しい。だから買いたてのときはあえて湯通しをせず、そのまま使うか、キッチンペーパーで軽く油を吸い取るくらいで、豆腐本来の香りや甘み、揚げたての香ばしさを楽しむようにしています。例えば、さっとあぶって、刻みねぎやみょうが、おろししょうがをたっぷりのせて、おしょうゆをたらり。あれこれ調理する前に、まずはこれで、お揚げさんの風味と味わいを堪能してください。

　保存時は、適当な大きさに切って冷凍しておくと便利です。使うときは解凍せず、そのままお鍋に入れて加熱すればＯＫ。また「甘ぎつね」にしておけば、いなり寿司のほか、さっと食べたいときのお丼やうどんの具にも重宝します。

　こんな手軽な食材、もっと気軽に使わない手はありません。

◆したくと保存法

油抜きのコツ

1 キッチンペーパーの上に油揚げを置き、ペーパーごとくるくる巻いて、油を吸い取る。

油揚げは油をまとっているからこそ、美味しい。軽く吸い取る程度でＯＫ

甘ぎつね

［材料］

油揚げ……1枚（100ｇ）

合わせ地

- 1・5番だし……1カップ
- 薄口しょうゆ……大さじ1
- みりん……大さじ1
- 砂糖……大さじ1

1 油抜きした油揚げを縦3等分、端から1㎝幅に切る。

2 鍋に1と合わせ地を入れ、油揚げがふにゃっとするまで煮る。保存袋に入れ冷蔵庫で約4日、冷凍庫で1カ月保存可能。

刻まずにそのまま煮れば、いなりずしや夫婦炊きとしても楽しめます

いんげんとお豆腐の包み煮

P21の「豆腐のたね」を詰めて、甘ぎつねのたれで炊くだけ。冷えても美味しいですよ

［材料・2人分］

豆腐のたね（P21）
……$\frac{1}{2}$量（約200g）
いんげん豆……100g
すし揚げ……5枚
合わせ地
- 1.5番だし……2カップ
- 薄口しょうゆ……大さじ2
- みりん……大さじ2
- 砂糖……大さじ2

［作り方］

1　いんげん豆は細かく刻み、豆腐のたねの中に混ぜ込む。油抜きをしたすし揚げを包丁で半分に切る。
2　すし揚げの切り口を袋状に開き、1を底まできちんといき渡るように詰め、口を閉じる（写真）。
3　鍋に2をすき間なく八分ほど敷き詰め、合わせ地を張る。水で濡らした落としぶたをして火にかけ、沸騰したら火を弱め約10分煮る。
4　半分に切って器に盛り、合わせ地をかける。

お菜っぱとお揚げさんのたいたん

これぞ京のおばんざい。心にしみる味わいは
農家さんと家庭の知恵の結晶です

［材料・2人分］

油揚げ……50g（1/2枚）
お菜っぱ（水菜・小松菜など）……1束
あっさりだし
- 1.5番だし……2カップ
- 薄口しょうゆ……大さじ1
- みりん……大さじ1

［作り方］

1 油抜きをした油揚げを縦3等分、端から5mm幅に切る。お菜っぱは3cmの長さに切る。
2 鍋にあっさりだしを入れて火にかけ、煮立ったら油揚げを加えて煮る。
3 火が通りふにゃっとしたら、お菜っぱを加えてしんなりするまで煮る。好みで塩で味をととのえ、七味唐辛子をふる。

ここではつまみ菜を使用。
その時期にある葉野菜でお作りください。

お揚げさんの酒粕焼き

お酒やごはんのお供にどうぞ
突然の来客も安心、私のお守りレシピ

［材料・2人分］

油揚げ……1枚（100g）

A
- 酒粕……大さじ2
- みそ……大さじ2
- 日本酒……大さじ2

九条ねぎ（青ねぎ）……適量

ごま油……適量

［作り方］

1　油抜きをした油揚げを適当な大きさに切る。九条ねぎは小口切りにする。

2　ボウルにA、九条ねぎを入れ、スプーンでなじむまでよく混ぜる。

3　油揚げに2を薄く塗り、しばらく置く。フライパンにごま油を熱し、両面を軽く焼く（魚焼きグリルも可）。

板粕を使う場合は、保存袋にAを入れて口を閉じ、上から手でもんでなじませるとよい。多少のダマは気にしなくても大丈夫

焼く前の状態で冷蔵庫で1週間、
冷凍庫で1カ月ほど保存可能

衣笠丼

京都の衣笠山に見たてた気軽なご飯もの
休日のお昼にいかが？

［材料・2人分］

甘ぎつね（P24）……40g

煮汁
- 1.5番だし……1カップ
- 薄口しょうゆ……大さじ1
- みりん……大さじ1

九条ねぎ（青ねぎ）……適量

溶き卵……2個分

ご飯……2杯分

［作り方］

1　九条ねぎは斜め薄切りにする。

2　鍋に煮汁を入れて火にかけ、煮立ったら甘ぎつねを加え、九条ねぎを散らす。

3　ひと煮立ちしたら、溶き卵を回し入れ、半熟状態で火を止める。

4　茶碗にご飯を盛り、3を煮汁ごとのせる。好みで粉山椒をふる。

生湯葉

栄養満点「お豆の生クリーム」

幼い頃、母が作ってくれるホットミルクをふーふー吹きながら飲むのが大好きでした。そして、表面に張られた膜を、スプーンでそっとすくって口に運ぶとき、なんとも得した気分になったものでした。

同じく熱した豆乳の表面に張られた「膜」、これこそが湯葉。この膜ができる原理は牛乳と同じだそう。ただし、牛乳は動物性タンパク質ですが、湯葉は「植物性タンパク質」。どちらも上手に摂りたいものです。

生湯葉の中でも、「汲み上げ湯葉」は、膜ができる前に豆乳ごとそっと汲み上げたもの。栄養価は一番高く、クリーミーでなめらか、まるで生クリームみたい。とろとろした食感と、濃厚な甘みとコクが私は大好きで、おつゆの具にしたり、とろみを生かしてあんかけ代わりに使ったりしています。意外なところではグラタンのソースにも。ラタトゥイユにかけるとトマトの酸味がマイルドになり、これがまた美味しい。

一方、表面にできた薄い膜を、すーっと引き上げたのが「引き上げ湯葉」。お刺身のほか、照り焼きやお鍋の具に活躍します。シート状になっているので、餃子や春巻きの皮の代わりに具を包むのもおすすめです。

お豆腐におから、湯葉など、京都の人は昔から日々の生活の中でタンパク質を上手に摂取してきました。これらを現代のお料理に生かす工夫、きっとまだまだあるはずです。

◆特長と保存法

汲み上げ湯葉

大豆の栄養と旨みが一番詰まった部分を、汲み上げたもの。生クリームのようなやわらかさと甘み、コクが特長。

風味を大事にしたいので、新鮮なうちにいただくこと

引き上げ湯葉

豆乳の膜をすーっと引き上げた、シートタイプの生湯葉。淡白な味わいなので他の食材との相性が良く、煮炊きものの具や、春巻きの皮代わりにもなる。

保存袋に入れ、できるだけ空気を抜き、冷凍庫で1カ月保存可能

ピ葉

1分でできる手軽な湯葉ピザ
さっと重ねてさっと焼くだけ

［材料·2人分］

春巻きの皮……2枚
引き上げ湯葉……適量
好みのチーズ1〜2種……適量
（溶けるチーズ、ブルーチーズなど）

［作り方］

1　湯葉を春巻きの皮と同じ大きさに切り上にのせ、さらにチーズをのせる。
2　魚焼きグリルかトースターで、チーズがとろりと溶け、皮がきつね色になるまで焼く（焼き過ぎに注意）。

湯葉と長芋のかきたま汁

母の節約アイデアからヒントを得た
絶対ふわふわになる特製レシピ

［材料・2人分］
汲み上げ湯葉……80g
卵……1個
長芋……50g
合わせ地
- 1.5番だし……2カップ
- 薄口しょうゆ……小さじ1
- 塩……ひとつまみ

［作り方］
1 ボウルに卵を割り入れ、菜箸でほぐす。長芋の皮をむき、すりおろして加え、なじむまで混ぜる。
2 鍋に合わせ地を入れて温め、湯葉をスプーンですくって加える。沸騰したら、1を少しずつ、鍋の中心から外に向かって円を描くように注ぐ。
3 汁がふんわりとしたら火を止め、器に盛る。あれば水菜の葉を添える。

ふわふわに仕上げるには必ず沸騰した状態で流し込むこと

湯葉の山椒焼き

冷凍してあってもそのままフライパンへ
3分でできる手軽な一品です

［材料・2人分］
引き上げ湯葉……2枚
かけだれ
- 濃口しょうゆ……大さじ1
- みりん……大さじ1
- 砂糖……小さじ1/2

ごま油……小さじ1〜2
粉山椒……適量

［作り方］
1 湯葉を適当な大きさに切り、2つ折または4つ折にする（ある程度厚みがある方が美味しい）。
2 フライパンにごま油を熱し、湯葉を焼く。
3 両面に焼き目が付いたら火を止め、キッチンペーパーで油を吸い取り、手早くかけだれを加える。
4 湯葉を上下に返しながら余熱でさっとからめる。粉山椒を上からふりかける。

ドフィノワ

ベシャルメルソース要らずの
ヘルシーなグラタンです

［材料・2人分］
汲み上げ湯葉……100g
じゃがいも……1個
ベーコン……80g
バター……20g
豆乳……適量
溶けるチーズ……適量

［作り方］

1 じゃがいもは皮付きのまま、スライサーや包丁で薄切りにする。ベーコンは適当な大きさに切る。
2 フライパンにバターを入れて火にかけ、ベーコン、じゃがいもを加える。じゃがいもがしんなり透き通るまでしっかり炒める。好みで塩を加えてもよい。
3 耐熱容器に2の約1/3量を敷き、その上に湯葉の約1/2量を重ねる。これを繰り返した後、豆乳をひたひたに注ぎ、とろけるチーズをのせる。
4 200度のオーブンで、汁気がグツグツし、チーズがこんがり色付くまで焼く。

かしわ

「酒に酔わせる」がしたくの要

幼い頃の晩ごはんで一番食卓に上がった食べものが、すき焼き。そう聞くと「なんて贅沢な！」とお思いになるかもしれませんが、いえいえ、我が家のすき焼きは、牛肉ではなく「かしわのすき焼き」。幼心に「またか」と言いたくなるほど登場回数が多かったものでした。でも、それほどまでに京都人はかしわが大好き。から揚げに照り焼きなど、煮たり焼いたり蒸したりと、実にさまざまなアレンジを利かせて、主菜に仕立ててきたのです。きっと牛肉よりも淡白な分、京都のやさしい味付けにうまく調和するのでしょうね。

ささみ、胸肉、もも肉など、使う部位はお好みでどうぞ。それぞれ豊かな味わいがありますが、各部位の特徴を知った上でのしたくが大切です。ささみと胸肉は脂肪が少なくパサつきやすいので、しっとり、ふっくらと仕上がるようなしたくを。もも肉は、より旨みを引き出すためのひと工夫で、グッと味わいが深くなります。

そのしたくの要となる調味料が「日本酒」。肉の臭みを消してくれるだけでなく、風味を付けたり、お肉をやわらかくしたり、焼き色を良くしたりと、とにかくメリットがたくさん。お酒の種類を変えてみるのもおすすめ。紹興酒を使えば中華風のアレンジも可能です。

「かしわは酒に酔わせよ」。ぜひ、今日から覚えておいていただきたい合い言葉です。

◆したくと保存法

［材料］

鶏肉……1枚（350g）

A
- 薄口しょうゆ……大さじ1
- 日本酒……大さじ1

1 鶏肉をバットに置き、Aを加えて手でなじませ、10分ほど置く（ソテーなら半分、唐揚げならひとくちサイズにあらかじめ切り分けておくと便利）。保存袋に入れ、冷凍庫で1カ月程度保存可能。

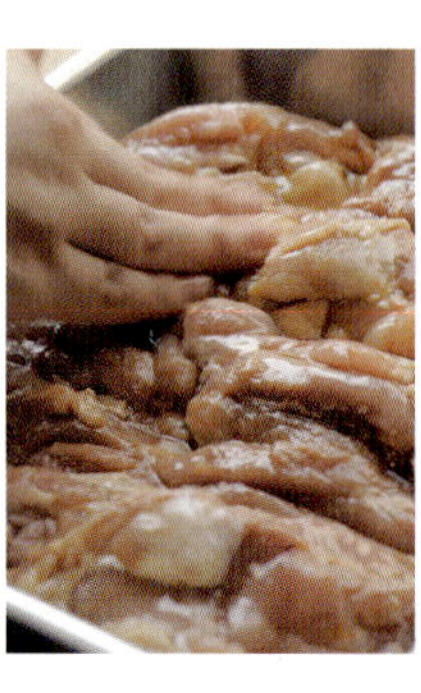

調味料は表面になじませる程度の量で十分です。ささみや胸肉もパサつきません

かしわと薬味のサラダ

薬味をたっぷり添えて、サラダ感覚で
見た目も華やかなので、おもてなしにも

[材料・2人分]

鶏もも肉……1枚分(350g)

漬けだれ

- 薄口しょうゆ……大さじ1
- 日本酒……大さじ1

かけだれ

- 薄口しょうゆ……大さじ1
- 日本酒……大さじ1
- しょうがの絞り汁……大さじ1
- ごま油……大さじ$\frac{1}{2}$

薬味

- みょうが……2個
- 白ねぎ……1本
- 青しそ……1枚
- しょうが……適量

ごま油……大さじ$\frac{1}{2}$

すだち……適量

[作り方]

1 鶏肉は、漬けだれになじませて10分ほど置いておく。しょうがは薄く皮をむき、千切りにする。

2 みょうがは縦半分に切って斜め薄切りに、白ねぎは千切り、青しそは軸を外して千切りにする。それぞれ冷水にさらしてシャキッとさせ、ざるに上げて水気をきっちりと切る。

3 フライパンにごま油を熱し、鶏肉の皮目から中火で2分焼く。裏返して5分、再度ひっくり返して皮を2分焼く。

4 食べやすい大きさに切り、かけだれをかける。薬味をたっぷり添え、すだちを搾るか、皮をむいて果肉を取り出して上から散らす。

ささみと青しそのグリッシーニ

余った春巻きの皮で
こんなおつまみ、いかがですか

［材料・2人分］

ささみ……1本
青しそ……3枚
春巻きの皮……3枚
薄口しょうゆ……小さじ1
紹興酒……小さじ1
糊
- 小麦粉……小さじ$1/2$
- 水……小さじ$1/2$

サラダ油……大さじ3〜4

［作り方］

1　ささみの筋を取り、縦6等分の細切りにする。バットに入れ、薄口しょうゆと紹興酒を加えてもみ込み、10分置く。
2　青しそは軸をとって縦6等分に、春巻きの皮は縦2等分（長方形）に切る。春巻きの皮を横長に置き、しそとささみを重ねるように手前に置く。
3　端からきっちりと巻いていく。途中で両端を中に入れて包み込み、閉じ口を糊でとめる。
4　卵焼き器にサラダ油を熱し、3をきつね色になるまで転がすように焼く。

3の状態で約1カ月冷凍できます

かしわと白ねぎの吉野葛仕立て

鶏肉の旨み、ねぎとおだしの
風味が楽しめる京料理です

［材料・2人分］

鶏もも肉……$1/2$枚（175g）
白ねぎ……$1/2$本
吉野葛（または片栗粉）……適量
あっさりだし
- 1.5番だし……2カップ
- 薄口しょうゆ……大さじ1
- 日本酒……大さじ1

粉山椒……適量

［作り方］

1　鶏肉はひとくち大に切り、吉野葛を薄く付け、はたく。白ねぎは斜め1cm幅に切る。
2　鍋にあっさりだしと白ねぎを入れ、沸騰したら鶏肉をひとつずつ加えて火を通す。
3　器に盛り、粉山椒をふる。

吉野葛には体を温める効果も

かしわと玉ねぎのすき焼き丼

たっぷりの量で作ると旨みが出ます
玉ねぎのエキスも大切な調味料に

[材料・4人分]

鶏もも肉……1枚(350g)
玉ねぎ……1個
九条ねぎ(青ねぎ)……3本
突きこんにゃく(糸こんも可)
……1袋
焼き麩……15個
A ┌ 砂糖……大さじ3
　│ 日本酒……大さじ3
　└ 濃口しょうゆ……大さじ2〜3
鶏の脂(サラダ油でも可)
……大さじ1
ご飯……丼4杯分
卵黄……4個分

[作り方]

1　鶏肉はひとくち大に切る。玉ねぎは半分に切り、さらに端から1cm幅に切る。九条ねぎは5cmの長さに、突きこんにゃくはさっとゆでて適当な長さに切る。焼き麩はたっぷりの水で戻し、水気を絞る。
2　鍋に鶏の脂を熱し、鶏肉を炒める。色が変わったら玉ねぎを加えて透き通るまで炒め、ねぎとこんにゃく、Aを加えてざっくり混ぜる。
3　全体に火が通ったら具を片方に寄せ、空いたところに焼き麩を加えて弱火で4〜5分煮る。
4　丼にご飯を盛り、3を煮汁ごと盛り付け、中央に卵黄をのせる。

たけのこ、みょうが、松茸など旬の食材と合わせても。
翌日にうどんを煮ていただくのもおすすめ

塩鯖

手軽で便利な「京都のツナ缶」

京都の街では、昔からハレの日のごちそうとして、福井県の若狭湾から届いた塩鯖を使って、鯖寿司が作られてきました。

ポイントはあらかじめふっておく「ひと塩」。それが鯖街道を通って都に運ばれてくる間にちょうどよい塩梅となったのです。まさに昔の人の知恵の賜物ですね。我が家でも、毎年秋のお祭りがくると、何十匹もの塩鯖がお台所にどどんと並んだものです。その姿は神々しいほどでした。

そんなロマンあふれる塩鯖ですが、反面使いづらくて手強いイメージが定着しているのも事実のようです。でも、「塩鯖は、京都のツナ缶」と考えてみたらどうでしょう？ なんだか普段の食材に気軽に使えそうな気がしてきませんか。

魚屋さんや干もの屋さんで年中買うことができますし、ほどよく塩がまわっているうえ、既に三枚に下ろしてあるすぐれもの。私はそのまま焼いたり、燻製にして楽しんでいますが、特におすすめなのが、酢やオイル、しょうが、日本酒などに「漬け込む」調理法。このひと手間で、鯖寿司をはじめ、サラダや酢の物、パスタまで、あらゆるお料理で活躍してくれますよ。

いかがでしょう、少しは塩鯖のハードルが下がりましたか？ 先人の知恵を拝借した私のアイデアレシピ、ぜひともお試しください。

◆したく

しめ鯖

［材料］

塩鯖（片身）……1枚

酢……適量

1 塩鯖をバットに並べる。上からキッチンペーパーをかけ、ペーパーが濡れる程度に酢を注ぎ、1時間ほどなじませる。

キッチンペーパーを使うことでお酢の節約になります

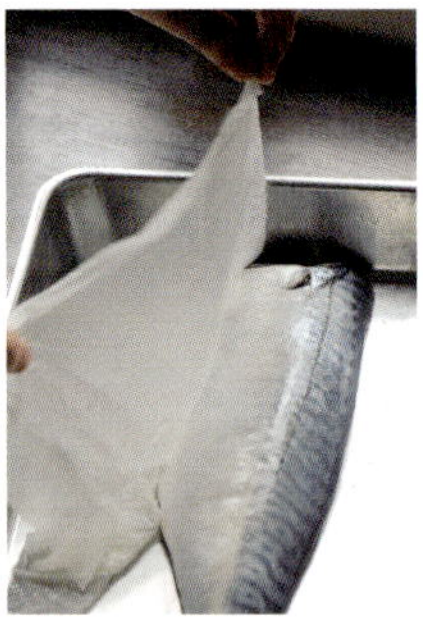

2 塩鯖の腹骨を包丁ですき取り、小骨を骨抜きで抜く。

3 塩鯖の肩口に指を入れて、薄皮を剥ぐ。

鯖寿司のほか、手鞠寿司、マリネに利用できます

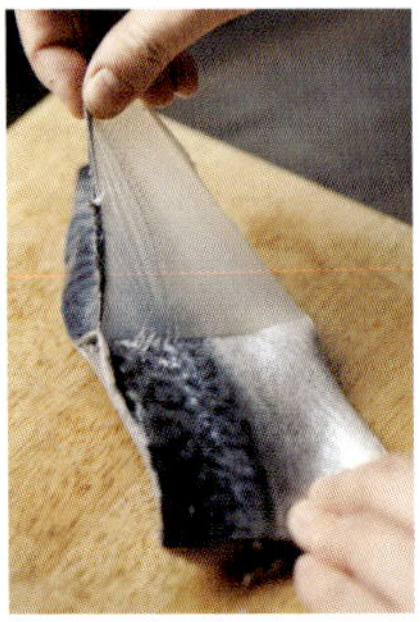

鯖寿司

春の葵祭にも、秋の大祭にも
1年中手軽に作れるのが塩鯖の魅力

［材料·2人分］
しめ鯖……2枚
白米……2合
昆布……はがき大1枚
水……2カップ
合わせ酢
　酢……大さじ4
　砂糖……大さじ2
　塩……小さじ2
青しそ……3枚

［作り方］

1 米は炊く30分前に洗い、水に浸けておく。合わせ酢をボウルに入れ、よくかき混ぜる。青しそはみじん切りにする。
2 米をざるに上げて炊飯器に入れ、昆布と水を加えて炊く。炊き上がったご飯から昆布を取り除き、熱いうちに飯台に移し手早く合わせ酢を回しかけ、しゃもじで切るように混ぜ合わせる。途中で青しそを加え混ぜ、冷めるまでしばらく置いておく。
3 まな板の上に固く絞ったさらしを広げ、しめ鯖の皮目を下にして中心に置く。手に水をつけ、すし飯を細めの棒状にしっかりまとめて、鯖の身の上に置く。
4 さらしの手前を持ち上げて鯖と寿司飯を包み、半回転させて鯖を上側にして、手前からきつくしっかりと巻いていく。
5 巻きすで上からさらに巻き、両端にはみ出たすし飯を中に押し込みながら、しっかり形を整える。
6 半日ほど冷暗所に置き、味をなじませる。

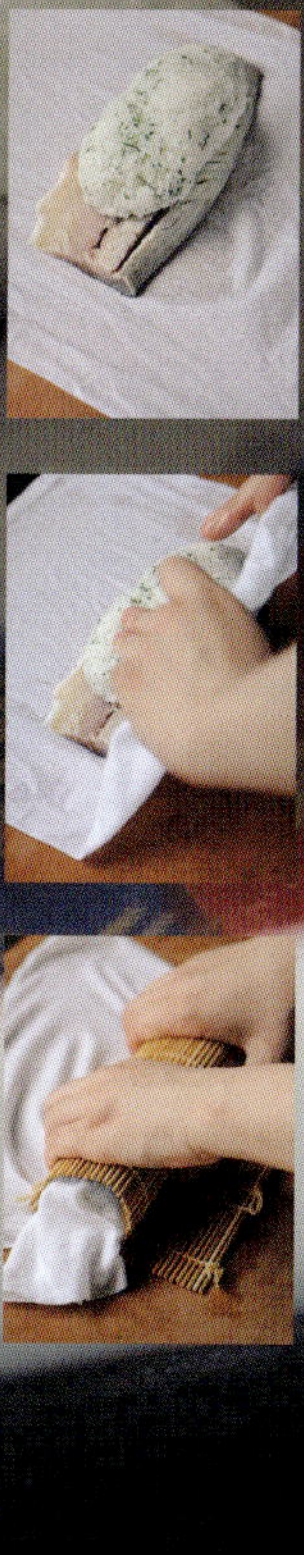

塩鯖のアヒージョ

スペインバルの定番を京食材で
ビールのアテに最高です

[材料·2人分]

塩鯖(片身)……1枚
にんにく……1かけ
鷹のつめ(輪切り)……1本
オリーブオイル……適量

[作り方]

1 塩鯖は骨の処理をして、2cm×2cmほどのサイコロ状に切る。にんにくは芽を取り除きみじん切りにする。
2 フライパンに鯖が浸かる程度のオリーブオイルを注ぎ、にんにく、鷹のつめを入れて火にかける。
3 じゅくじゅくと音がしてきたら火を弱め、にんにくの香りがしてきたら鯖を加えて5分ほど加熱する。

塩鯖とプチトマトのパスタ

アヒージョをパスタにアレンジ
しょうゆの風味が絶妙なアクセントに

［材料・2人分］
塩鯖のアヒージョ（P38）……全量
プチトマト……8個
スパゲティ……200g
塩……適量
濃口しょうゆ……大さじ1弱
バジルの葉……適量

［作り方］
1　フライパンにアヒージョと、ヘタを取ったプチトマトを入れて火にかける。トマトがしんなりしたら一度火を止める。
2　たっぷりの湯に塩を入れ、スパゲティを袋の表示通りにゆでる。
3　ゆで上がったスパゲティをざるに上げる。1を再び弱火にかけてスパゲティを加え、濃口しょうゆを回しかけて手早くからめ、火を止める。バジルを手でちぎって添え、器に盛る。

鯖の竜田揚げ

たれに漬けて揚げるだけ
大根おろしを添えても

［材料・2人分］
塩鯖（片身）……1枚
A　濃口しょうゆ……大さじ1
　　日本酒……大さじ1
　　おろししょうが……大さじ1
片栗粉……適量
揚げ油……適量

［作り方］
1　塩鯖は骨の処理をしてひとくち大に切り、ボウルに入れ、Aを加えてからめ10分ほど置く。
2　片栗粉を全体にまぶし、170度の揚げ油でこんがりとした色目が付くまで揚げる。

生麩

マルチに使えるモチモチ料理

艶やかで、きめ細かいもち肌。嚙めばやわらかで、なめらかな舌触りとほのかな甘さが口の中にやさしく広がる。「ああ、生麩ですか、それはもう大好物で…」と、生麩好きは、皆さん決まって顔をほころばせ、目を細めながらこうおっしゃいます。

生麩は小麦粉のグルテンから作られる、モチモチとした食感が特徴。お餅好きの日本において、原料こそ違えど、この食感のとりこになる人が多いのもうなずけます。でも一方で、「使い方がイマイチわからない」とお困りの方もいることでしょう。そんなときは、ぜひとも「食材との対話」をしていただきたいのです。

お餅に似た食感で、味の主張も控えめ。ならば、お餅と同じようにこんがりと焼いて、おしょうゆをかけたり、黒蜜をたらしたり、大根おろしを添えていただいてみるのはいかがでしょうか。

もうひとつ、別の目線からのご提案。生麩は小麦粉が主原料。とくれば、パンやクラッカーのように、バターや蜂蜜、クリームチーズを塗っていただくのも美味。純然たる京料理の食材が、ワインのアテにもぴたりと合うのが面白いものですよ。

煮ものの具や、お肉の代わりに使えるのはもちろんですが、料理のレパートリーに困ったら、こんな風に「見立て」でアイデアを考えてみると、案外新しい発見がポンと生まれるものです。

◆したくと保存法

1 買ってきたらすぐに、食べやすい厚さに切る。常に包丁を濡れたさらしでぬぐってから押すように切ると、くっつきにくく、作業しやすい。

2 ラップの上に等間隔に並べ、ラップを半分に折り返し三方の口を閉じる。冷凍庫で約1カ月保存可能。

●煮ものの場合は解凍不要。そのまま鍋へ入れてよい

生麩のミルク煮

肉や魚を使わなくても、ボリューム満点
お腹も満足の仕上がりです

［材料・2人分］

生麩*……$\frac{1}{2}$本
青梗菜……1株
エバミルク……大さじ3
ごま油……大さじ1
あっさりだし
- 1.5番だし……1カップ
- 薄口しょうゆ……大さじ$\frac{1}{2}$
- みりん……大さじ$\frac{1}{2}$

水溶き片栗粉
……片栗粉小さじ1：水小さじ1

*ここではベーコン麩とパンプキン麩を使用

［作り方］

1 生麩はひとくち大に切る。青梗菜は葉と茎に分け、適当な大きさに切る。
2 鍋にごま油を熱し、青梗菜の茎を軽く火が通るまで炒める。
3 葉の部分と生麩、あっさりだしを加え、ひと煮立ちしたらエバミルクを加える。
4 水溶き片栗粉を加えてとろみをつけ、火を止める。

生麩のつくだ煮

しっかり濃いめの味付けにして
熱々のご飯に、おにぎりの具に

［材料・2人分］

生麩……1本
合わせ地
- 濃口しょうゆ……大さじ2
- みりん……大さじ3
- 日本酒……大さじ2

しょうがの絞り汁……大さじ1
かつお節……適量

［作り方］

1 生麩はひとくち大に切る。しょうがは皮をむかずにおろし、絞り汁だけを用意する。
2 鍋に合わせ地を入れて火にかけ、沸騰したら火を弱めて生麩を入れ、5分ほど煮る。
3 煮つまってきたら、しょうがの絞り汁を加え、軽くかき混ぜて火を止める。かつお節をまぶす。

生麩のバターソテー ラベンダーの蜂蜜がけ

ワインと一緒に、スイーツの代わりに
自由なアイデアでお楽しみください

[材料・2人分]

生麩*……1/3本分
無塩バター……小さじ1
ラベンダー蜂蜜……適量

*ここでは粟麩とパンプキン麩を使用

[作り方]

1 生麩はひとくち大に切る。
2 フライパンを熱し、無塩バターを溶かす。
3 生麩を加え、両面をこんがりと焼く。
4 器に盛り、蜂蜜をたっぷりかけ、好みで岩塩をふる。

有塩バターでもOK。フルーツやナッツの蜂蜜、
シナモンなどいろいろなアレンジをお試しください

切干し大根

スピーディーな和のサラダ

ある日、切干し大根を水で戻していて思わずはっとました。「これってサラダの具やん」と。火を通さずとも水で戻すだけで、乾物ならではの濃縮された甘みや、大根独特のシャキシャキの歯ごたえが味わえて、和

えものはもちろん、シンプルにポン酢をかけるだけで十分美味しい。くたくたの煮ものとはまた異なる味わいが楽しめるのです。

そういえば幼い頃、祖母がよく、水で戻した切干しとさっとゆがいたほうれん草で、ごま和えを作ってくれたものでした。ちゃちゃっと手軽にできるお料理なのに、ほうれん草のやわらかさと切干しの歯ごたえのバランスが心地よく、いくらでも食べられるのです。この手軽さ、スピーディーさ。ああそうか、祖母はサラダという名がまだ日本になかった時代から、サラダを作っていたんだと思うと、途端に祖母がかっこ良く見えました。

そうそう、忙しい日の夜には、切干しでおみそ汁を。おだしでやわらかくなるまでさっと煮て、いつものおみそを加えるだけ。シンプルすぎるくらいのレシピですが、これがほっとするような味わいなのです。ぜひ、試してみてくださいね。

切干しは、きっと調理をしすぎないくらいのほうが美味しい。それくらい、おてんとさまと風の恵みが旨みを凝縮してくれているんだと思います。なんて、手軽でありがたい乾物なのでしょう。

◆保存法と使い方

1 冷暗所で保存する。できるだけ早めに使い切ること。

2 使用時は、さっと洗ってからたっぷりの水で戻す。

切干しと三つ葉のごまサラダ

シャキシャキの食感とごまの風味が絶妙
お教室でも人気のサラダです

［材料・2人分］
切干し大根……50g
三つ葉……1束
ささみ……2本
いりごま……大さじ4

A
1.5番だし……大さじ4
濃口しょうゆ……大さじ2
砂糖……大さじ1
ごま油……大さじ1

粉山椒……適量

［作り方］
1 切干し大根は水で戻してから水気をしっかり絞って、適当な長さに切る。三つ葉は熱湯でさっとゆで、水にさらして水気を切り、適当な長さに切る。
2 三つ葉をゆでた熱湯で、ささみを火が通るまでゆで、筋をとって手でほぐす。
3 すり鉢にいりごまを入れてよくすり、Aを加えてさらによく混ぜ合わせる。
4 1と2、粉山椒を加えてよく和え、器に盛る。

ささみの代わりにハムもよく合います

ほなが汁

底冷えの冬、節分の頃の汁ものです
おみそと粉山椒の風味とご一緒に

［材料・2人分］
1.5番だし……2.5カップ
切干し大根……10g
赤みそ……大さじ1～
粉山椒……適量

［作り方］
1 切干し大根は水で戻してから水気をしっかり絞り、3cm程度の長さにざく切りにする。
2 鍋に1.5番だしと切干し大根を入れて火にかけ、くったりするまで煮る。
3 一度火を止め、赤みそを溶き入れる。再び火にかけ、沸騰寸前に火を止める。
4 器に盛り、粉山椒とあれば三つ葉を添える。

ご家庭にあるおみそでもどうぞ

しっとり卯の花

京都では月末の定番メニュー
わが家はメインになるほど具だくさん

［材料・2人分］

切干し大根……20g
おから……100g
にんじん……50g
九条ねぎ（青ねぎ）……1束
鶏もも肉……200g
A
- 1.5番だし……2カップ
- 薄口しょうゆ……大さじ2
- みりん……大さじ2

しょうが……1かけ
ごま油……大さじ1〜

［作り方］

1 切干し大根は水で戻して絞り、細かく刻む。鶏肉は適当な大きさに切る。にんじんは皮付きのまま、いちょう切りにする。九条ねぎは斜め切り、しょうがは薄く皮をむき、みじん切りにする。
2 鍋におからを入れて火にかける。鍋底をこそげるように、ぱらりとするまで1分ほど炒め、一度取り出す。同じ鍋にごま油を熱し、にんじんを炒める。透き通ってきたら、切干し大根を加え、1分ほど炒める。
3 鶏肉を加えて、表面に火が通るまで炒める。
4 おからを戻してざっくりと混ぜたら、Aを加え、5分ほど煮る。しょうが、九条ねぎを加えて混ぜ、火を止める。
5 冷まして味を含ませる。

- 砂糖は不要。切干し大根の甘さを利用して
- あらかじめおからの水分を抜いてぱらりとさせることで、のちのおだしの含みがよくなります

朝ご飯のしたく

冷やご飯に熱いお茶をかけるだけ
電子レンジがなかった時代の知恵です

ぬか漬け

[材料]
米ぬか……1kg
粗塩……120g
水……1ℓ
A
- 鷹のつめ……2本
- 昆布……はがき大1枚
- 捨て漬け用の野菜……適量(大根の皮、キャベツの外葉など)

本漬け用の野菜……適量(なす、きゅうり、みょうがなど)

[作り方]
1 米ぬかを鍋に入れ、弱火で焦がさないように炒る。ぱらりとして、いい香りがしてきたら、火を止めて冷ます。
2 別鍋に粗塩と水を入れて強火にかけ、ひと煮立ちしたら火を止めて冷ます。
3 保存容器に1を入れ、2を少しずつ加えながら底からよく混ぜ合わせる。Aを入れ、容器のまわりを拭き、ふたをしてひと晩置く。
4 翌日から朝晩、底からしっかりと空気を送り込むように混ぜ、捨て漬け用の野菜がしんなりしたら取り出す。
5 3〜4回捨て漬けを繰り返し、ぬか床をならしてから本漬けを始める。

朝晩空気を入れて発酵を促し、
よい香りのするぬか床を作ってください

夏場の暑い時季は、冷蔵庫の野菜室に保存し、
発酵のスピードを遅らせる工夫を

ごぼ漬け茶漬け

[材料・2人分]
ご飯……2杯分
ぬか漬け(きゅうり、なす、みょうがなど)……適量
おろししょうが……適量
番茶……適量

[作り方]
1 水でぬか漬けのぬかを丁寧に洗い流し、水気を切る。それぞれ薄切りにし、おろししょうがを加えてざっくりと混ぜる。
2 ご飯を器によそい、1をのせる。熱々の番茶を上から注ぐ。白湯や緑茶でも美味しい。

京都では熱いご飯でお茶漬けをすると
雨が降るという言い伝えも

春のしたく

和菓子屋さんに桜餅が並び、道では「ええお天気で気持ちようおすな」ときれいな京言葉の挨拶が交わされる。京都に春到来。待ちわびていたかのように、錦市場には春の息吹を感じさせる苦みや香りが特長の食材が続々と並び始めます。さて、私も春を歓迎するしたくに取り掛かることにしましょうか。

クレソン

水が育てたお菜っぱ

「クレソンは、きれいな水辺でしか育たないんですよ」と私に教えてくださったのは、自然豊かな美山町に暮らすベーコン職人、松田慎一さん。毎年春になると、青々としたクレソンを花束のようにどっさりと届けてくださいます。その爽やかな香りと苦み、辛みは、お肉の脇に添える付け合わせで終わらせるにはもったいないほどの味わい深さです。

　このクレソン、お台所に到着したときは、きっとのどがカラカラに乾いている状態のはず。まずはたっぷりの冷水に浸して、水辺で育っていたときのようにシャッキリと鮮度をよみがえらせてあげましょう。お野菜であっても、命をいただいているのですから、素材を慈しみ、育ってきた環境にできるだけ近づけてあげたいもの。その心づかいひとつで、素材は必ず美味しく応えてくれますよ。

　わが家のおすすめは、おだしで炊いたり、かやくご飯に混ぜて、さっと熱を通す調理法。「あの香りが美味しいのに、熱を通すなんて！」と思われるでしょうか。でも、大丈夫。苦みが和らぐと同時に、おだしとの相性が抜群によくなるから不思議。何より、後味の独特の清涼感がたまりません。

　水が育ててくれるのは、京野菜もクレソンも同じ。ならばと、おばんざいの定番料理である「お菜っぱとお揚げさんのたいたん（P26）」からヒントをもらったのでした。

◆したくと保存法

1 たっぷり水を張ったボウルにクレソンを浸し、冷蔵庫に30分ほど入れてシャキッとさせる。

2 ざるに上げて、茎から枝を丁寧に外し、枝・茎をそれぞれ5㎝程度の長さに切る。こうすると、盛り付けたときの見た目がきれいで、食べやすい。

●茎は炒めものにも使えます

3 保存容器や袋に入れ、冷蔵庫で保存。できれば早めに食べ切ること。

クレソンとマッシュルームグリルのごま和え

苦さと甘さ、香ばしさが絶妙です
小松菜や水菜などの葉野菜も混ぜてお作りください

［材料・2人分］

クレソン……200g
マッシュルーム……2個
ごまだれ
- いりごま……大さじ5
- 薄口しょうゆ……小さじ1
- みりん……小さじ1
- 1.5番だし……大さじ1

［作り方］

1　クレソンは、5cmの長さに切る。熱湯でさっとゆで、きれいな緑色になったら冷水にさらし、水気を絞る。
2　マッシュルームは、石づきの先端の汚れを包丁で取り除き、焼き網やトースターで焦げ目がつくまで焼き、4等分に切る。すり鉢でごまを細かくすり、残りのたれの材料を加え混ぜる。
3　1を加えてざっくり混ぜ、器に盛る。

椎茸やエリンギなどお好みのきのこでも。
マッシュールムは生のままでもOK

クレソンと桜えびの混ぜご飯

すり鉢に残ったごまだれで
おにぎりにしてくれた祖母の始末がヒント

[材料・2人分]

クレソン……30g
桜えび……15g
白米……2合
昆布……はがき大1枚
水……2カップ
ごま塩
 白いりごま……大さじ4
 塩……小さじ1/2

[作り方]

1　米は炊く30分前に洗い、水に浸けておく。
2　米をざるに上げて炊飯器に入れ、昆布と水を加えて炊く。クレソンを1cmの長さに切る。
3　フライパンに桜えびを入れてから火にかけ、香りが立つまで1分ほどから煎りする。
4　ごまをすり鉢に入れてすりこぎで軽くすり、塩を加えてゴムベラで混ぜ合わせる。
5　昆布を取り除いた2のご飯と、桜えびを加えてゴムベラでざっくりと混ぜる。

冷めても美味しいので、お弁当にもおすすめです

クレソンのだし巻きオムレツ

手軽なオムレツ仕上げで崩れてもOK
とろりと卵液が流れ出るくらいが美味しい

［材料・2人分］

- 卵……3個
- クレソン……15g
- A
  - 1.5番だし……$\frac{1}{4}$カップ
  - 塩……ひとつまみ
  - 薄口しょうゆ……小さじ$\frac{1}{3}$
- オリーブオイル……大さじ1
- ラディッシュ（大根でも可）……5個
- レモン汁……適量

［作り方］

1. クレソンは1cmの長さに切る。ラディッシュはすりおろし、レモン汁を加え混ぜ合わせる。
2. ボウルに卵を割り入れ、菜箸で卵白を切るように割りほぐす。クレソンとAを加え、混ぜ合わせる。
3. 熱したフライパンにオリーブオイルを引き、2を一気に注いで、菜箸で手早くかき混ぜる。
4. 半熟状態になったら、フライパンの手前半分によせ、皿に移す。ラディッシュを添え、好みで濃口しょうゆをかける。

クレソンと豚しゃぶのたいたん

爽やかな春の香りを定番のおだしで
レモンを搾っても爽やかですよ

［材料・2人分］

- クレソン……60g
- 豚ロース肉……200g
- あっさりだし
  - 1.5番だし……2カップ
  - 薄口しょうゆ……大さじ1
  - みりん……大さじ1
- 黒粒こしょう……少々

［作り方］

1. クレソンは5cmの長さに切る。
2. 鍋にあっさりだしを入れ、火にかける。
3. 煮立ったら豚肉を1枚ずつ加え、火を通す。クレソンを入れ、しんなりしたら火を止める。
4. 好みで塩で味をととのえ、黒粒こしょうを削って加える。

京たけの

春のごちそうを一年の常備菜に

街をはんなりと彩るしだれ桜が散りはじめる頃、京都の人にとって少し慌しい季節がやってきます。

「たけのこは時間との勝負。お鍋に入るまで生きているんや」と、たけのこ農家さんは毎年こう念を押されます。それほどたけのこは生命力にあふれているのです。私も負けじと、大鍋でそそくさと一年分のたけのこをゆで始めます。ええ、一年分です。瓶詰めにして煮沸消毒し、長期保存をするのです。こうしておけば、香り高いやわらかな歯ごたえのたけのこを年中活用できます。

　実はこれ、京都のたけのこの産地、長岡京に住む生徒さんが教えてくださった春のしたく。この地域ではこうやって大切に保存して、ハレの日だけでなく、八宝菜や炒めもの、筑前煮、おでんなど、普段のお料理にフル活用するのだとか。産地ならではの素敵な工夫ですよね。

　さて、ゆがきたてのたけのこは、まずはわさび醤油でお刺身に。また、お塩少々と香り高いオリーブオイルを回しかけてカルパッチョにも。もちろんたけのこご飯や若竹煮もはずせません。どんなお料理にも合うところがたけのこの魅力であり、多くの人に愛されている証拠でもあり。

　少々手間こそかかりますが、毎年飽きずにこのしたくを繰り返す京都の人って、本当にたけのこが大好きなんですね。

◆したくと保存法

たけのこの水煮

［材料］
たけのこ……手の平大3つ
水……たけのこがかぶる程度
ぬか……1カップ
鷹のつめ……1本

1 たけのこの先端1／3を斜めにざっくり切り落とし、縦に5㎝ほど切り込みを入れる。こうすると火が通りやすく、後で皮もむきやすい。

丸ごとゆでるので、家庭用の鍋に合う手のひら大のサイズを選びましょう

2 鍋にたけのこ、水、ぬか、鷹のつめを入れて強火にかける。沸騰寸前に火を弱め、水面がふらふら踊るくらいの火加減で約30分ゆでる。目安は、一番硬い根元に竹串を突き刺し、すっと通るまで。

3 ゆで汁に浸けた状態で冷ました後、皮をむき、流水で丁寧に洗い、たっぷりの水に浸けて冷蔵庫で保存する。毎日水を入れ替えれば、約1週間保存可能。

たけのこの瓶詰め（長期保存）

1 **脱気**
水煮したたけのこを適当な大きさに切り、瓶に詰める。瓶の口ギリギリまで水を張り、ふたを軽く閉めて深鍋に並べる。ふたの下あたりまで水を注いで強火にかけ、沸騰後20分間煮沸する。

2 **殺菌**
瓶を湯から出してふたをしっかり閉める。沸騰した湯に瓶を倒し入れ、さらに20分間煮沸する（ヤケド防止のためゴム手袋を使用するとよい）。

3 **保存**
火を止め、湯に浸けたまま完全に冷めるまで置いておく。水気を拭き、冷暗所で約1年保存可能。

一度開封したら冷蔵庫で保管を。早めに使いきりましょう

たけのこと牛肉の炒めもの

紹興酒で香りを付けた中華風
濃いめの味に白ご飯が進みます

[材料·2人分]

たけのこの水煮(P54)……100g
牛もも薄切り肉(細切れでも可)……200g
ごま油……大さじ1
A［濃口しょうゆ……大さじ1
　 紹興酒……大さじ1
粉山椒または木の芽……適量

[作り方]

1 たけのこはいちょう切りにする。牛肉は食べやすい大きさに切る。
2 強火で熱したフライパンにごま油を引き、たけのこを軽く焼き色が付くまで炒める。
3 牛肉を加え、ほぐすように炒める。半分ほど火が通ったらAを回しかけ、水分を飛ばしながら炒める。
4 器に盛り、粉山椒か刻んだ木の芽をふりかける。

桜の香りのカルパッチョ

桜の季節にロゼワインといかが?
ピンク色のお塩がとてもキュート

[材料・2人分]
たけのこの水煮(P54)……50g
鯛のお造り……1/2さく(50g)
塩……少々
グリーンリーフ(ルッコラなど)……1袋(30g)
桜の花の塩漬け……小さじ1/2(花びらのみ使用)
オリーブオイル……大さじ1

[作り方]
1　鯛に塩をふり30分ほど置き、キッチンペーパーで軽く水気を拭いておく。たけのこは薄切りにする。桜の塩漬けは洗わずにそのまま細かく刻む。
2　グリーンリーフは洗って食べやすい大きさに切る。ボウルに水を張って浸し、30分ほど冷蔵庫に入れシャキッとさせる。
3　別のボウルに1と水気を切ったグリーンリーフを入れ、オリーブオイルを加えざっくりと和える。

たけのこつくね

ふわふわのつくねハンバーグ
たけのこと黒酢の相性に驚くはず

[材料・2人分]
たけのこの水煮(P54)
……50g
鶏ひき肉……200g
塩……ひとつまみ
溶き卵……1/2個分
片栗粉……大さじ1
サラダ油……大さじ1

たれ
濃口しょうゆ
……大さじ1
黒酢……大さじ1
砂糖……大さじ1
木の芽……適量

[作り方]
1　たけのこは、1cm角に切る。たれを混ぜる。
2　ボウルにひき肉、塩を入れ、粘りが出るまで手でしっかりと練る。たけのこ、溶き卵、片栗粉を加えて混ぜ、小判型2つにまとめる。
3　フライパンにサラダ油を熱し、中火で2〜3分焼く。裏返してふたをし、弱火でじっくり中まで火を通す。
4　一度火を止め、ペーパータオルで余分な油を拭き取る。再度弱火にかけ、たれを手早くからめて、とろりとしたら火を止める。
5　器に盛り、木の芽を添える。

黒酢の代わりにバルサミコ酢を入れても美味しい

たけのこと湯葉のあんかけご飯

ふんわりとろとろな食感が
体にやさしくしみ渡ります

［材料・2人分］

たけのこの水煮（P54）……50g
汲み上げ湯葉……100g
九条ねぎ（青ねぎ）……1/2わ
ご飯……丼2杯分
合わせ地
- 1.5番だし……1カップ
- 薄口しょうゆ……大さじ1
- みりん……大さじ1
- 塩……ひとつまみ

水溶き片栗粉
……適量（片栗粉1：水1）

［作り方］

1　たけのこは薄切りに、九条ねぎは斜め薄切りにする。
2　鍋に合わせ地を入れて火にかける。煮立ったらたけのこ、湯葉を入れてひと煮立ちさせ、細ねぎを加えさっと火を通す。
3　水溶き片栗粉を回し入れて混ぜ合わせ、とろみがついたら火を止める。
4　丼にご飯をよそい、3をかける。

かた焼きそばやオムレツにもよく合います

そら豆

福をいただく愛しき味わい

頑丈なさやを、ぱかりと二つに割れば、そこにはやわらかな真綿のベッドで大切に守られたお豆がころり。別名「おたふく豆」というように、その姿は正しく幸せを招くお多福さん。食べるのがかわいそうな気もするけれど、愛らしい姿を損なわないよう、丁寧なしたくで、お豆の甘みとコクを味わいたいものです。

お豆さんのきれいなかたちを保つポイントは、熱を通す前に、ペティナイフや小さめの包丁を使って、お豆のお歯黒（黒い部分）にグイッと切り込みを入れておくこと。ぜひとも、お多福さんがニンマリ笑うくらいしっかりと。上品なおちょぼ口で微笑むくらいでは足りません。この切り込みが甘いと、ゆでて皮をむくときにお豆が崩れやすくなるのです。

見事にむけたお豆さんは、サラダやフライにしたり、ご飯に混ぜたり。また、きれいな緑色を生かしてそら豆ペーストを作ってみるのはいかがでしょうか。

すり鉢などですり潰してなめらかにしたそら豆に、塩こうじやマスカルポーネチーズを混ぜ合わせれば、きれいな春色のディップが完成。口の中にお豆のやさしい甘みと舌触りが広がります。

淡白な魚介類やお豆腐、生麸にのせて田楽にしたり、カリッと焼いたトーストに塗ったり、プチトマトと和えてサラダにも。この時期になると、ついつい何度でも食べたくなる、大好きなお豆レシピのひとつです。

◆したくと保存法

1 そら豆をさやから外し、ペティナイフや小さめの包丁で、お歯黒（黒い部分）に切り込みを入れる。

2 熱湯で2分ほど色よくゆでる。ゆで汁を別の容器に残して（P61で使用）、豆をざるに上げる。

ゆで過ぎると薄皮がむきづらくなるので、ゆで時間にも気をつけて

3 粗熱がとれたら薄皮をむき、自然に冷ます。風味が落ちないうちに、できるだけ早くいただくこと。

そら豆と新じゃがのサラダ

マヨネーズの代わりにオリーブオイルと
レモンをぎゅっ。ヘルシーなのにしっかり美味しい

［材料・2人分］

新じゃがいも……500g
そら豆（ゆでたもの）……100g
玉ねぎ……1/4個（50g）
プチトマト……4個
ドレッシング
- にんにく……1/3片
- オリーブオイル……大さじ4
- レモン汁……小さじ1
- 塩……小さじ1/2
- 黒こしょう……少々

［作り方］

1 新じゃがいもは皮付きのまま水からゆでる。竹串がすっと通ったら火を止め、ざるに上げる。
2 玉ねぎは薄切りにし、水にさらして辛みをとり、ざるに上げて水気を切る。プチトマトはヘタを取り、4等分に切る。
3 にんにくをすり鉢の目にこすりつけてすりおろす。
4 ドレッシングの残りの材料を加えて、よく混ぜる。
5 じゃがいもを加え、かたちが残る程度にすりこぎで軽く潰す。そら豆と2の野菜を加え、ゴムベラで底のドレッシングをすくい上げるようにざっくりと混ぜ合わせ、器に盛る。

そら豆と新じゃがの巾着フライ

余ったサラダをお手軽アレンジ
春巻きの皮は隠れた万能選手です

［材料・2人分］
そら豆と新じゃがのサラダ
（P59）……100g
春巻きの皮……2枚
揚げ油……適量
糊
- 小麦粉……小さじ1
- 水……小さじ1

［作り方］
1. 春巻きの皮を十字に切って4等分にする。
2. ティースプーンで新じゃがのサラダをすくい、皮の中央に置く。四辺にぐるりと糊を付け、巾着のように皮を中央にまとめ、指先できゅっとひねって閉じる。
3. 170度の揚げ油で、きつね色になるまでこんがりと揚げる。
4. 器に盛り、好みでレモン汁をかけていただく。

ほたての田楽　そら豆塩こうじ

やさしい甘さのペーストは
白身魚や鶏のささみとも合います

［材料·2人分］
そら豆ペースト
- そら豆（ゆでたもの）……100g
- 塩こうじ……小さじ1
- 1.5番だし……大さじ1

ほたて貝柱……8個

［作り方］
1　そら豆をすり鉢に入れ、すりこぎで軽く潰してからすり混ぜる。塩こうじを加え、なじむまでする。
2　1.5番だしを1に加え、よくなじむまですり混ぜる（固ければ、塩こうじ、だし各小さじ1ずつ追加してもよい）。
3　ほたてに2のペーストをたっぷり塗り、トースターやグリルでさっと焼く。

すり鉢はフードプロセッサー（ミキサー）で代用可。残ったペーストは冷凍保存して、使用時に自然解凍を

そら豆と雑穀の混ぜご飯

わが家の豆ご飯といえばこれ
ゆで汁も捨てずに使い切る工夫を

［材料·2人分］
そら豆（ゆでたもの）……100g
白米……2合
もちきび（雑穀なら何でもよい）……大さじ2

A
- そら豆のゆで汁……2カップ（足りなければ水を足す）
- 昆布……はがき大1枚
- 塩……小さじ1/2
- 日本酒……大さじ1

［作り方］
1　米は炊く30分前に洗い水に浸けておく。もちきびはボウルに入れて水を張り、軽くかき混ぜて2〜3回水を替え、米と合わせて水に浸ける。
2　米をざるに上げ炊飯器に入れ、Aを加えて炊く。
3　炊き上がったら、昆布を取り出して千切りにし、そら豆とともに炊飯器に入れて10分ほど蒸らす。
4　ざっくりと混ぜて器によそう。

ゆで汁がなければ、水だけでも美味しく炊けます。お好みでごま塩（P52）をかけて

粒が細かい雑穀を洗うときは、ざるの上にさらしを敷くと便利

初夏のしたく

新緑の季節。京都では「鮎、食べはった？」「市場にもう実山椒置いてあったわ」と、初夏ならではの「季節のうわさ」をし始めます。この時季のしたくは、若葉の香りがさっと鼻先を通り抜けるような清々しさを与えてくれます。それは、蒸し風呂のような京の夏を乗り越えるための心づもりのようなものです。

実山椒

京都の生のスパイス

実山椒？　あまり聞いたことがない、という方も多いことでしょう。これを乾燥させて粉状にしたものが、おなじみの「粉山椒」です。全国的には鰻にふりかけるイメージが強いようですが、京都ではおみそ汁やおうどん、丼をはじめ、炒めものにも使います。お箸を持つ前にすーっと山椒の容器に手を伸ばして、ぱらり。これでたちまち「京の味」に早変わり。逆にこれがないと、料理が完結しない気がして、ついそわそわしてしまうほど。もはや京都人の食卓の習慣、より美味しくいただくための儀式なのでしょうね。

　このスパイスを毎日のように口にしている京都では、初夏に出回る山盛りの実をせっせと摘んではゆでて、塩漬けや、ご存じ「ちりめん山椒」作りに精を出します。私のお教室でも、毎年の恒例行事のひとつ。鮮やかな緑色の実を枝からひと粒ずつ外すたび、あのピリリとした刺激とは裏腹に、部屋全体に清々しい香りが漂います。まさに旬のアロマ、至福のひとときです。

　実山椒は、ゆでて冷凍しておけば一年中楽しむことができます。使用時は、解凍せずにおでんや炒めものの鍋に直接入れてＯＫ。そう、いつものスパイス、胡椒と同じようにお使いいただけるのです。青々とした香りと心地よい刺激が、お料理に新たな魅力を与えてくれるはず。これこそが、七味唐辛子に並ぶ、京都の生のスパイスです。

◆したくと保存法

［材料］
実山椒……1カップ
水……適量

1 枝から実を外し、たっぷりの熱湯で5分間ゆでる。湯量の目安は、山椒がのびのびと泳ぐ程度。

2 冷水にさらし、きっちり水気を切る。保存袋に入れ、空気を抜いて冷凍し、約1年間保存可能。

使用時は解凍せずに、必要な分を取り出して直接煮汁に加えて火を通す

鰯の鞍馬煮

稚鮎や、脂の乗った秋刀魚でも
小さなお鍋でコトコト炊くのがコツ

［材料・2人分］

平子鰯（頭と内蔵を取り除いたもの）……20尾

昆布……はがき大1枚

実山椒（ゆでたもの）……大さじ2

煮汁

- みりん……大さじ2
- 濃口しょうゆ……大さじ2
- 砂糖……大さじ2
- 日本酒……1カップ

［作り方］

1 鰯は、たっぷりの熱湯に2〜3秒入れ、表面にサッと火が通ったら引き上げる。血や筋、ウロコなどがあれば流水でそっと取り除く。

2 鍋に昆布、実山椒、煮汁を入れ、ひと煮立ちしたら鰯を加える。弱火にして、水で濡らした落としぶたを置く。

3 時々お玉で煮汁を鰯の表面にかけながら30分ほど静かに煮る。汁がとろりとしたら火を止める。

実山椒と新玉ねぎの肉みそ

ご飯やゆで麺とも好相性
ホクホクしたにんにくが絶品です

[材料・2人分]

豚ばらブロック肉……300g
にんにく……3片
新玉ねぎ……1個(250g)
実山椒(ゆでたもの)……大さじ1
A ┌八丁みそ(赤みそも可)……大さじ2
　 └日本酒……大さじ1
トレビス(レタスも可)……適量

[作り方]

1　にんにくは、縦半分に切って芽を外し、横に切って4等分にする。新玉ねぎはざく切り、豚肉はさいの目に切る。
2　トレビスは、1枚ずつ外して水に浸け、シャキッとさせて水気を切る。Aを混ぜ合わせておく。
3　フライパンを熱し、豚肉とにんにくを入れ、脂を出すようにじっくり炒める。肉の表面の色が変わったら平らにして1分焼き、全体にこんがり焼き目を付ける。
4　玉ねぎを加え、しんなりして透き通るまで3分ほど炒める。Aと実山椒を加え、なじむまでよく炒める。
5　器にトレビスを敷いて、4を盛り付ける。

牛すじのたいたん

山椒とおだしのあっさり風味で
後を引く美味しさです

［材料・2人分］

牛すじ肉……200g
白ねぎ……1本
あっさりだし
┌ 1.5番だし……2カップ
│ 薄口しょうゆ……大さじ1
└ みりん……大さじ1
塩……小さじ1/3
実山椒（ゆでたもの）
……大さじ1

［作り方］

1　牛すじの下処理をする。普通の鍋の場合、1時間ほどかけて水からゆでて数回ふきこぼしながら煮る（圧力鍋の場合、鍋にたっぷりの水を張り、20分ほど圧力をかける）。やわらかく煮えたら、ひとくち大に切る。
2　白ねぎは斜めに薄切りにする。
3　鍋に、あっさりだし、塩、実山椒を入れて火にかける。
4　沸騰したら牛すじと白ねぎを加えて火を弱め、15～20分間煮る。

白ねぎの代わりに角切りにした大根を炊いても美味しい

糸こん山椒

お教室の人気メニューのひとつ
白ご飯がどんどん進みます

［材料・2人分］

糸こんにゃく……200g
実山椒（ゆでたもの）……大さじ1
煮汁
┌ 1.5番だし……1カップ
│ 薄口しょうゆ……大さじ3
└ 日本酒……大さじ1
ごま油……小さじ1

［作り方］

1　糸こんにゃくは、熱湯で2分ほど下ゆでしてざるに上げ、5cm程度の長さに切る。
2　鍋にごま油を熱し、糸こんにゃくを入れ、表面の水気を飛ばすように強火で1分ほど炒める。
3　実山椒と煮汁を加え、煮立ったら火を弱めて、焦がさないように様子を見ながら15分ほど煮る。

新しょうが

丸ごと食べるのが醍醐味

毎月21日は、東寺の弘法市。幼い頃、祖父母は毎月出掛けては、手の平サイズにスライスされた「しょうがの砂糖漬け」を買い、「喉に効くんえ」とお茶うけにデンと出してくれました。当時は「なんでこんな辛いもん、大人は喜んでおせんべいみたいに食べはるの?」と不思議に思ったものでしたが、先日パリのマルシェで見つけたのが「ジャンジャンブルのコンフィ」。つまり、しょうがの砂糖漬け。どの国も、美味しく体をいたわる思いは同じなんですね。

しょうがの中でも新しょうがは、みずみずしくて繊維もやわらかく、後味も爽やか。それに体を温めてくれる効果も。くだんの砂糖漬けのように、「丸ごと食べる」楽しみがあります。

その美味しさが潜んでいるのは、皮と実の境目。ぜひ、皮をむかずにざくざく切って、煮ものや炒めものにたっぷり使って、素材そのものを堪能しましょう。皮をむいた場合も、捨てずに刻み、しょうゆ漬け（P90）や炒めもののアクセントにご活用ください。

そして私の一番のおすすめは、カリッと爽快な歯ごたえを楽しめる「甘酢漬け」。少し太めに刻むのがコツで、これがやみつきになる美味しさです。保存が利いて、南蛮漬けや寿司飯にアレンジできるのですが、その前につい カリカリと食べ過ぎてしまうほど。知らぬ間に私も、祖父母と同じ楽しみ方をしているようです。

◆したくのコツ

1

スプーンやピーラーで薄皮をそっとむく。ただし、薄皮は捨てずに活用を。

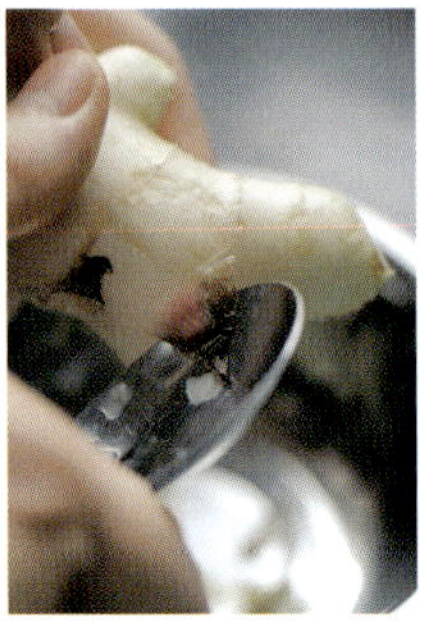

◎青梅の下処理（P69）

梅のなり口は、竹串を使うと簡単に外すことができる。実を傷つけないように注意。

新しょうが入り梅酒

いつもの梅酒にピリリと初夏のスパイスを
清涼感のあるソーダ割もおすすめ

［材料］

青梅……1kg
新しょうが……150g
氷砂糖……500g
ホワイトリカー……1.8ℓ

［前日の準備］

青梅は水で洗った後、アク抜きのため、ひと晩水に浸けておく。保存瓶を煮沸消毒し、しっかりと乾かしておく。

［作り方］

1 梅をざるに上げ、キッチンペーパーなどで水気をきっちり吸い取る。竹串でなり口を外す(P68)。
2 新しょうがは水で洗い、水気をきっちり拭き、皮付きのまま包丁かスライサーで薄切りにする。保存瓶に青梅、氷砂糖、新しょうがを交互に入れる。
3 ホワイトリカーを注ぎふたをして、冷暗所で保存する。3カ月目頃から美味しくいただける。

ホワイトリカーの代わりにブランデーや焼酎を入れてもよい

糸もずくのおつゆ

夏バテにはもってこいのメニュー
冷やご飯を入れて、お雑炊でもどうぞ

［材料・2人分］

もずく……100g
新しょうが……30g

合わせ地
- 1.5番だし……2カップ
- 薄口しょうゆ……大さじ1
- 塩……ひとつまみ

三つ葉……適量

［作り方］

1 もずくは水でさっと洗い、水気を切って適当な長さに切る。新しょうがは皮付きのままおろす。
2 鍋に合わせ地を入れ、火にかける。沸騰したらもずくを入れ、ひと煮立ちしたら火を止める。
3 おろした新しょうがの1/3量を絞り入れる。
4 器によそい、残りの新しょうがと三つ葉を添える。

塩もずくを使用する場合は、
水に30分ほど浸けて塩抜きしてから使用する

新しょうがの甘酢漬け

さっぱりの白とまろやかな赤、
どちらがお好み？

［材料・4人分］

新しょうが……300g

甘酢・白*

- 千鳥酢（米酢）……1カップ
- 上白糖……1/2カップ
- 塩……小さじ1

甘酢・赤*

- りんご酢……1カップ
- きび砂糖……1/2カップ
- 塩……小さじ1

*用意するのは
白・赤いずれかでOK

［作り方］

1　新しょうがは皮をスプーンで薄くむき、3cm×1cm程度の拍子切りにする。たっぷりの水に10分ほどさらす。

2　ホーローやガラスなど酸に強いボウルに、甘酢・白または赤（好みで）の材料を入れてよく混ぜる。

3　新しょうがを熱湯で30分ほどゆでる。しんなりしたら、ざるに上げ、きっちり水気を切る。

4　熱いうちに2の甘酢に漬け込み、冷蔵庫に入れる。翌日から美味しくいただける。清潔な保存容器に入れておけば、約3カ月保存可能。

熱いうちに漬け込むことで味がよくしみ込みます。
保存食なので、たっぷり作っておくのがおすすめ

稚鮎の南蛮漬け

甘酢漬けの余りを使ってもう一品
秋冬にはワカサギでもお試しください

［材料・2人分］

稚鮎……20尾

南蛮酢

- 新しょうがの甘酢漬け（P70）……1/2カップ
- 1.5番だし……1カップ
- 薄口しょうゆ……小さじ1

玉ねぎ……中1/2個

パプリカ……1/2個

小麦粉……適量

揚げ油……適量

［作り方］

1　稚鮎はキッチンペーパーなどで表面の水気をきっちり拭き取り、小麦粉をまぶす。

2　玉ねぎは薄切りにして水にさらす。パプリカは縦半分に切って中の種を外し、縦に薄切りにする。

3　甘酢漬けの新しょうがを千切りにし、南蛮酢の材料とともにボウルに入れよく混ぜる。水気を切った玉ねぎ、パプリカを加えて冷蔵庫で冷やす。

4　稚鮎に小麦粉を付け、170度の揚げ油でからりと揚げる。熱いうちに3に漬け、10分ほど置いて味をなじませる。

梅干

梅雨に欠かせぬ、真っ赤な特効薬

真っ赤で肉厚、程よくシワが寄った大粒の梅干をひと粒つまみあげ、おずおずと口に運ぶあの瞬間。ひとくち噛じった場合はおろか、想像しただけでも、体中の細胞が一気に覚醒する独特の酸味。これこそが日本が誇る保存食、梅干の味わいです。

古くから「梅干婆」という皮肉な言葉もありますが、料理の隠し味に使う場合でも、この言葉に負けじと、顔にしっかりシワが寄るくらい、正々堂々と酸っぱい梅干を使いたいものです。

私のおすすめの使い方は2つ。わさびのような辛みと香りをまとわせて和えることで、梅の酸味をより際立たせる調理法と、卵や白みそのコクと合わせてマイルドに仕上げる調理法。いずれもしっかりした酸味のある梅干を使うことで、五臓六腑にすーっとしみ込むような清々しい余韻を味わうことができますよ。

忘れてならないのが、梅干には疲労回復や、食材の腐敗防止、毒消しなどの効果があること。「にしきぎ（P72）」を混ぜておにぎりにしたり、魚や肉の脇にひと粒添えておくだけで、たちまち梅雨時期や夏のお弁当の救世主になってくれるのです。

何かと便利な世の中ですが、蒸し暑くて食欲がない日や、疲れがたまっているときなど、ここぞというときに頼れるのは、やっぱり先人の知恵が詰まったこの保存食だなあと、梅雨が来るたびに思う私です。

◆したく

1

叩いて梅肉にすることで、使い道がぐっと広がります。梅干の果肉を種から外して、包丁でなめらかになるまで叩くだけ。周りの果肉をこそげることも忘れずに。

冷し梅茶碗蒸し

具は梅肉のみ。普段の茶碗蒸しより
おだしが多めなのでさっぱりいただけます

［材料・2人分］

卵……1個

梅肉……小さじ2

A
- 1.5番だし……1カップ
- 薄口しょうゆ……小さじ1/2
- 塩……適量

三つ葉……適量

［作り方］

1　ボウルに卵を割り入れてほぐす。Aを加え、泡立てないように混ぜた後、ざるなどで一度こす。

2　容器の底に等分にした梅肉を置き、1を静かに注ぐ。泡ができた場合は、スプーンなどですくうとよい。

3　蒸気の立った蒸し器に入れ、火が通るまで弱火で7〜8分ほど蒸す。

4　粗熱をとってから、冷蔵庫で冷やす。三つ葉を添えていただく。

ガラスの場合は、必ず耐熱製ガラスを使うこと
加熱しすぎると「す」が入るので注意

にしきぎ

お弁当のお守り代わり
酸味が食欲増進にも

［材料・2人分］

梅肉……1個分

みょうが……1個

焼きのり……1枚

いりごま……大さじ1

花かつお……ひとつかみ

A
- 濃口しょうゆ……大さじ1
- わさび……大さじ1/2〜

［作り方］

1　みょうがは縦半分に切り、斜め薄切りにする。焼きのりは火でさっとあぶり、手でもんで細かくする。Aをスプーンでよく混ぜ合わせる。

2　いりごまをすり鉢でする。

3　2にすべての材料を加えてよく混ぜる。

梅干やわさびには抗菌効果があるので、お弁当におすすめ
香りが飛んでしまうので、作り置きは不可

梅と白みそのにゅうめん

酸味と甘さのバランスがよく
ほっこりするやさしい味わいです

［材料・2人分］

そうめん……2束
1.5番だし……2カップ
白みそ……大さじ6
梅肉……1個分
みょうが……1個
青しそ……1枚

［作り方］

1　みょうがは縦半分に切って斜め薄切りにする。青しそは軸を外して千切りにする。
2　鍋に1.5番だしと梅肉を入れて火にかける。よく混ぜ、梅の味がしたら梅肉を編み杓子などですくい取る（捨てない）。火を止め、白みそを溶かし入れる。
3　別鍋でそうめんを2分ほどゆでる。水でよく洗い、きっちりと水気を切ってから2に加える。
4　沸騰したらそうめんを器に盛り、だしをかける。2で使った梅肉とみょうが、青しそを添える。

夏場はおだしを冷やして冷麺でどうぞ

春・初夏のおもたせ

春の香りをまとった京の佃煮3珍
手軽に作れて本格的なのが五感食楽流

ふきのとうみそ

［材料］
ふきのとう……5個
A
- みそ……$1/2$カップ
- 砂糖……大さじ1
- 日本酒……大さじ1

ごま油……小さじ1

［作り方］
1 ふきのとうは細かく刻み、水に30分ほどさらしてアク抜きをして、水気をしっかり切っておく。
2 鍋にごま油を熱し、1を炒めてしんなりさせる。
3 火を弱めてAを加え、しっかり混ぜながら5分ほど火にかける。
4 冷めたら保存容器や煮沸した瓶に詰め、保存する。冷蔵庫で2週間、冷凍庫で3カ月保存可能。

ちりめん山椒

［材料］
ちりめんじゃこ……150g
実山椒（ゆでたもの）……大さじ3
煮汁
- 日本酒……大さじ3
- 濃口しょうゆ……大さじ3
- みりん……大さじ1

［作り方］
1 ちりめんじゃこは沸騰した熱湯にさっとくぐらせてざるに上げ、水気をよく切っておく。
2 鍋に煮汁と実山椒を入れて火にかける。煮立ったら火を弱めて2分ほど煮た後、じゃこを加えてゴムベラでざっくりと混ぜる。
3 さらに2分ほど煮つめながら煮汁を全体にからめる。瓶詰めにして、冷蔵庫で4〜5日、冷凍庫で1カ月保存可能。

ごく少量の煮汁で「からめる」ように作ると、
調味料も減らせて経済的なうえ、家族の健康にもやさしい

お茶漬け鰻

［材料］
鰻の蒲焼……1尾
合わせだれ
- 日本酒……大さじ4
- 濃口しょうゆ……大さじ4
- みりん……大さじ2

実山椒（ゆでたもの）……大さじ2

［作り方］
1 鰻は流水で表面のたれをさっと洗い、キッチンペーパーで水気を吸い取る。頭を落として縦半分に切り、3cm幅に切る。
2 鍋に合わせだれと実山椒を入れて火にかけ、沸騰したら弱火にして鰻を並べる。
3 水で濡らした落としぶたをし、焦がさないように弱火で20〜25分ほど煮つめる。冷蔵庫で4日、冷凍庫で1カ月保存可能。

いつもの蒲焼きが上品なおもたせに。
熱々のお茶をかけて召し上がれ

夏のしたく

「鉾が立つ時期は必ず雨が降る。お囃子が聞こえんなったらようやく夏なんや」。はもの落としを頬張りながら祖父が教えてくれた、祇園祭の話。京の歳時記はいわばカレンダー。無意識に季節を感じ、その恵みに感謝できる風習がたくさんあります。夏のしたくは、そこに夏バテ対策をプラスしたいものです。

トマト

「幸福のマリネ」で夏バテ退散

もぎたてのトマトは、そのまま豪快にかぶりつく美味しさはあるけれど、そればかりでは色気がないと思うのがオンナゴコロ。真っ赤に熟したトマトを目にすると、迷わず作りたくなる、夏のしたくが私にはあります。それは、「トマトのマリネ」。

軽く火であぶって皮をむいたトマトを、おだしとお酢がベースのマリネ液にどぷんと漬けるだけ。数時間ほど冷蔵庫で休めて、味をなじませればできあがりです。トマトの旨み成分「グルタミン酸」と、1・5番だしの旨みが相まって、このしたくならではの美味しさを味わえます。

これは、いわゆるトマトの酢のもの。まずは、そのまま召し上がれ。細切りにして火を通したイカやタコと和えると、さっぱりとして洒落た前菜になりますよ。

さらに、日が経つごとに味が熟成されていく楽しみも。そうめんつゆや炒めものなど、今回ご紹介する応用レシピを堪能した後は、すりおろした玉ねぎを残ったマリネ液に入れ、冷蔵庫で保存すること3〜4日。トマトドレッシングの完成です。「残りものには福がある」と言いますが、トマトが気持ちよく過ごせて、時間がさらに美味しくしてくれる。これぞ「残り福」のうれしい恩恵だなあと思います。

暑さでバテているときでも、冷蔵庫にこれが入っていると思うだけで、不思議とお台所に向かってしまう。このマリネは、私の夏の元気の源です。

◆したくと保存法

トマトのマリネ

［材料］＊

トマト（完熟のもの）……4個

マリネ液
- 1・5番だし……1カップ
- 千鳥酢（米酢）……2カップ
- 砂糖……大さじ4
- 塩……小さじ1

しょうが……1かけ

＊P79〜81の3レシピが作れる分量です。

1 トマトのヘタを取り、水で濡らした菜箸をヘタの部分に2本差し込み、トマトをゆっくり回転させながら、強火で皮目をこんがり焼く。皮が弾けたら冷水の中で手早く薄皮をむく。

IHコンロの場合は湯むきに。沸騰した湯に数秒間トマトを入れ、すぐ冷水にとり、皮をむく。

2 皮をむいたトマトを丸ごとマリネ液に漬ける。冷蔵庫に入れて1週間保存可能。

トマトそうめん

ほど良い酸味が夏バテ気味の体を
目覚めさせてくれます。キンと冷やしてどうぞ

［材料・2人分］

トマトのマリネ（P78）
………マリネ液1.5カップ＋トマト2個
薄口しょうゆ……小さじ1
そうめん……2束
青しそ……適量

［作り方］

1 マリネのトマトをくし形に切り、薄口しょうゆを加え、冷蔵庫で冷やす。青しそは千切りにする。
2 たっぷりの熱湯でそうめんをゆでる。流水で洗って氷水で締め、ぎゅっと水気を切って器に盛る。
3 1の漬け汁を注ぎ、トマトと青しそを添える。

トマトドレッシング

おろし玉ねぎが絶妙のスパイス
モッツァレラチーズやお豆腐、パスタにからめても

［材料・2人分］

トマトのマリネ（P78）
……… マリネ液$\frac{1}{2}$カップ
＋トマト1個分
玉ねぎ ……… $\frac{1}{2}$個
薄口しょうゆ ……… 小さじ1

［作り方］

1　玉ねぎはおろし金やフードプロセッサーでおろす。
2　ボウルにマリネを入れ、トマトをフォークで好みの粗さに潰す。
3　1と薄口しょうゆを加え、ゴムベラでしっかり混ぜる。保存瓶に入れ、冷蔵庫で1週間保存可能。

ここではモッツァレラチーズにかけています

おから団子の甘酢煮

トマトの甘酢とおからで、
さっぱりヘルシーに仕上がります

［材料・2人分］

おから団子15個分

A
- 豚ひき肉……200g
- 塩……ひとつまみ

B
- おから……100g
- 薄口しょうゆ……大さじ1/2
- 溶き卵……1個分
- 片栗粉……大さじ1
- 白ねぎ……1/2本
- しょうが……1かけ

トマトのマリネ（P78）
……マリネ液1カップ＋トマト1個分
薄口しょうゆ……大さじ1
水溶き片栗粉
……片栗粉大さじ1：水大さじ1
揚げ油……適量

［作り方］

1 しょうがは薄く皮をむいてみじん切りに、白ねぎもみじん切りにする。
2 ボウルにAを入れ、粘りが出るまでしっかりと練る。Bを加えてよく混ぜ、15等分にして丸める。
3 170度の揚げ油で、きつね色になるまでからりと揚げる。
4 マリネのトマトをくし形に切る。フライパンでトマト、マリネ液、薄口しょうゆを一緒に煮立て、3を加えてさっと煮る。
5 水溶き片栗粉を回し入れ、手早くかき混ぜてとろみをつける。

賀茂なす

なすは油を味方につけよ

今までいろんな国の市場を訪れましたが、そういえばどの国に行ってもおなすってあったような。

白色やマーブル調のもの、お豆のようにコロコロしたもの。それに、麻婆なすにラタトゥイユ、グリーンカレーなど、おなすの種類の分だけ、たくさんのレシピも。きっと味が淡白な分、その国ならでは調理法や味付けに、うまく調和してくれるのでしょうね。「おなすってめちゃくちゃ懐の深い野菜やなあ」とつくづく感心してしまいます。

なかでも賀茂なすは、他の追随を許さない存在感と美味しさがあります。ずっしり重く、まんまるなそのお姿はまさに「京野菜の王様」といった貫禄。ぎゅっと詰まった肉質に独特の甘さ。煮炊きをしても崩れないので、果肉の旨みをたっぷり堪能できるのも魅力。おだしや白みそをよく使う、京料理との相性も抜群に良いのです。

そんな賀茂なすの魅力を引き出すには、作り手の私たちにちょっとした心配りが必要です。おなすをそのまま煮ると、アクが出て色も悪くなってしまいます。そこで「油」の力を拝借。あらかじめ素揚げをして油をまとわせておくことで、アクが抜け、色も飛ばず、なおかつコクと甘みが増すという、一石三鳥の効果が生まれます。

油を恐れず、むしろ味方につけることで、美味しさが一気に増すのが、今回ご紹介する賀茂なすレシピです。

◆したく

1
ヘタを切り落とす際は、ヘタ先を手でちぎってから、なり口に近い先端だけを包丁で切り落とす(写真上)。
この部分も歯ごたえがあって美味しい

2
アクを取り、コクと色みを出すために、１７０度の揚げ油で揚げてから調理する。

賀茂なすのたたき

たたきは肉や魚だけにあらず。油通しした賀茂なすは主役級の美味しさ

［材料・2人分］

賀茂なす……1個
揚げ油……適量
薬味
- みょうが……1個
- 青しそ……3枚
- しょうが……1かけ

ポン酢（P90）……適量

［作り方］

1. 賀茂なすは十字に四つ切りにし、さらに端から1cm幅に切る。
2. みょうがは小口切り、青しそは千切りにし、それぞれ水にさらし、シャキッとしたら水気をよく切る。しょうがは薄く皮をむいておろす。
3. 揚げ油を170度に熱し、なすをじっくりと揚げる。
4. 油を切って器に盛り、ポン酢をかけ薬味を散らす。

麻婆賀茂なす

夏になると食べたくなるスタミナレシピ
八丁みそに限らず、いつものおみそでも

［材料・2人分］

賀茂なす……1個
にら……1束
豚ひき肉……200g
にんにく……1片
しょうが……1かけ
鷹のつめ（輪切り）……1本分
紹興酒……大さじ1
八丁みそ……大さじ4
1.5番だし……1/2カップ
ごま油……大さじ1
粉山椒……適量

［作り方］

1　賀茂なすはひとくち大、にらは2〜3cm幅に切る。にんにく、しょうがは薄く皮をむき、みじん切りにする。
2　フライパンにごま油を引き、にんにく、しょうが、鷹のつめを入れ、弱火で小さな泡が立ち、香りが立つまで炒める。
3　ひき肉を加え、半分ほど火が通ったら、紹興酒を加えて軽く混ぜ、八丁みそ、1.5番だしを加えてしっかりと混ぜながら全体に火を通す。
4　なすとにらを加えてとろりとするまで炒め、火を止める。
5　器に盛り、粉山椒をふる。

賀茂なすのごまだれ

賀茂なすのコクと甘みがまったりとした
ごまだれとからんで美味。冷でも温でも

［材料・2人分］

賀茂なす……1/2個
揚げ油……適量
漬け地
- 1.5番だし……1カップ
- 薄口しょうゆ……小さじ1
- 塩……ひとつまみ

ごまだれ
- いりごま……大さじ4
- 練りごま……大さじ2
- 薄口しょうゆ……小さじ1
- 1.5番だし……大さじ4

［作り方］

1　鍋に漬け地を入れて火にかけ、ひと煮立ちしたら火を止める。
2　賀茂なすはくし型に切り、170度の揚げ油で揚げ、熱いうちに1に漬け30分置く。
3　すり鉢でいりごまを半分ほどすり、練りごま、薄口しょうゆを加えてさらにする。たれがとろりとするまで1.5番だしを加え混ぜる。
4　なすを汁ごと器に盛り、上からごまだれをたっぷりとかける。あれば青柚子の皮をおろし、上にふる。

ごまだれは少し多めの分量です。
余りは冷しゃぶなどにお使いください

賀茂なすのミルフィーユ

P21「豆腐のたね」の応用編
賀茂なすと重ねて静かに煮るだけ

［材料・2人分］

賀茂なす……1個
揚げ油……適量
豆腐のたね（P21）……適量
合わせ地
- 1.5番だし……2カップ
- 薄口しょうゆ……大さじ1
- みりん……大さじ1
- しょうが……1かけ

水溶き片栗粉
……片栗粉大さじ1：水大さじ1

［作り方］

1. 賀茂なすは1cmの厚さに輪切りにし、揚げ油で2分ほど揚げる。しょうがはスプーンで皮をむき、おろす。
2. なすの上に豆腐のたねを塗り、その上になすを重ね、たねを塗る。これを繰り返し2つのミルフィーユを作る。
3. 鍋に合わせ地を入れ火にかけ、煮立ったら火を弱めて2をそっと入れる。水で濡らした落としぶたをして10分ほど煮た後、水溶き片栗粉でとろみをつける。
4. 器に盛り、あれば三つ葉を添える。

とうもろこし

夏の甘みは骨の随まで

夏野菜ナンバーワンの甘みと言えば、とうもろこし。おやつ代わりになるあま〜い味わいは、フレンチなどの西洋料理でも、ソースやアイスクリームに用いられるほどです。

その美味しさのバロメーターは、粒が揃っていてみずみずしいこと、ヒゲがピンと伸びていて艶やかであること。とにかく新鮮さが命、収穫した時点でどんどんと甘みが抜けていくので、早めにいただきましょう。

でも、その前にひと工夫。残った芯は捨てずにとうもろこしご飯やスープの中へ。一緒に入れて炊くと、じわじわと旨みと甘みが出てきますよ。こうやって素材の皮や端切れを、最後まで無駄なく使い切る。これぞ、京都の人が大切にしている「始末のこころ」です。物を慈しみ、自然の恩恵に感謝する気持ちが、素材をさらに美味しくしてくれる。それも、現代のお料理に取り入れることができるとは、なんて豊かな文化なのでしょう。

さて、お料理にもうひとつ「アクセント」が欲しいとき、調味料ではなく、素材そのもので変化をつけることができます。例えば「焦がし」。縁日でほおばる焼きとうもろこしの、鼻腔をくすぐる香り。あの独特の香ばしさは、ゆでたり、調味料を加えるだけでは生み出せない隠し味です。

余計なものを加えず、五感をフル活用して素材の良さを引き出す。これって、何より最高のスパイスだと思いませんか？

◆したくのコツ

1 実の外し方

皮とひげを手でむき、スプーンや包丁で実を丁寧に芯から外す。

深く削りすぎると、食べたときに舌に芯があたって食べにくいので注意

2 始末のアイデア

残った芯は、スープやとうもろこしご飯（P88）のお鍋の中へ入れましょう。一緒に炊くことで芯から旨みが出てきます。

とうもろこしとひじきの煮つけ

ひじきの食感ととうもろこしの歯ごたえが見事にマッチ
ご飯と混ぜておにぎりにも

[材料·2人分]

- 乾燥ひじき……20g
- とうもろこし……1/2本
- 油揚げ……1/4枚
- にんじん……50g
- 合わせ地
  - 1.5番だし……1.5カップ
  - 濃口しょうゆ……大さじ2
  - みりん……大さじ2
  - 砂糖……大さじ2
- しょうが……1かけ
- ごま油……大さじ1

[作り方]

1 ひじきはさっと洗い、たっぷりの水に20分ほど浸けて戻し、ざるに上げ水気を切っておく。

2 とうもろこしはスプーンや包丁で芯から実を外す。

3 油揚げは縦4等分に切って、端から5mm幅の薄切りにする。にんじんは皮付きのまま、ひじきと同じ長さに千切りにする。しょうがは薄く皮をむいてみじん切りにする。

4 鍋にごま油を引き、しょうがを入れ火にかける。香りが立ってきたらにんじんを加え、全体に油が回ったらひじきを加えさっと炒める。

5 合わせ地を注ぎ、油揚げを加える。沸騰したら火を弱め、水で濡らした落としぶたをして5分ほど煮る。

6 落としぶたを外し、とうもろこしを加える。2分ほどして粒の色が変わったら火を止める。しばらく冷まして味をなじませる。

とうもろこしと卵のとろみスープ

中華料理の定番をご家庭で。やさしい味わいの
中にとうもろこしの甘みが際立ちます

［材料・2人分］

とうもろこし……1本
溶き卵……1個分
スープ
- 1.5番だし……2カップ
- 薄口しょうゆ……小さじ1
- 塩……ひとつまみ

水溶き片栗粉
……片栗粉大さじ1：水大さじ1

［作り方］

1 とうもろこしはスプーンや包丁で芯から実を外す。
2 鍋に1とスープを入れて火にかけ、沸騰したら火を弱める。
3 2分ほどしてとうもろこしに火が通ったら、水溶き片栗粉でとろみをつける。
4 溶き卵を3に回し入れ、ふんわりしたら火を止める。

焼きとうもろこしご飯

手軽にバターライスが楽しめます
とうもろこしの香ばしさはやみつき必至

［材料・2人分］

とうもろこし……1本
白米……2合
水……2カップ
昆布
……はがき大1枚
塩……小さじ1
無塩バター
（有塩バターでも可）……30g

パセリ……適量

［作り方］

1 米は炊く30分前に洗い、水に浸けておく。とうもろこしは皮をむき、さっと水洗いする。
2 米をざるに上げて炊飯器に入れ、水、昆布を入れて炊く。
3 とうもろこしを魚焼きグリルやトースターでこんがりと焼き、包丁やスプーンで芯から実を外す。
4 炊き上がったごはんに、3と塩、無塩バター、刻んだパセリを加え、しゃもじでざっくりと混ぜ合わせる。

とうもろこしのしゅうまい

混ぜてくしゅっと包むだけの手軽さ
缶詰でも十分美味しく作れます

［材料・2人分］

とうもろこし……1本
（缶詰の場合50g）
豚ひき肉……200g
塩……ひとつまみ
A
- 卵……1/2個分
- 濃口しょうゆ……小さじ1/2
- 砂糖……大さじ1
- 片栗粉……大さじ1
- しょうが……1かけ

しゅうまいの皮……20枚

［作り方］

1 とうもろこしはスプーンや包丁で芯から実を外す。しょうがは薄く皮をむいてみじん切りにする。
2 ボウルにひき肉、塩を入れ、粘りが出て糸が引くまで手でよく練る（P21）。
3 A、とうもろこしを加え、さらによく混ぜる。
4 しゅうまいの皮の上に、ティースプーン1杯の具をのせ、両手で中央にくしゅっとまとめる（写真）。
5 蒸気の立った蒸し器に、クッキングシートやさらしを敷いて等間隔に並べる。強火で約5分蒸す。

ポン酢（P90）を付けたり、油で揚げても美味しい。
4の状態で冷凍保存可

夏のおもたせ

まとわりつくように暑い京都の夏。
夏バテ気味のあの人に、こんな3品いかがでしょう

赤しそジュース

［材料］
赤しその葉……500g
水……2ℓ
グラニュー糖……400g
クエン酸……大さじ2

［作り方］
1 赤しその葉を茎から外し、水できれいに洗い、水気をきっちりと拭く。保存瓶は熱湯消毒する。
2 水を入れた鍋を火にかけ、沸騰したら赤しその葉を加え2分ほど煮る。
3 火を止めて葉を菜箸で軽く絞って取り出す。グラニュー糖を加え、再度火にかけ溶かし、火を止める。
4 粗熱がとれたらクエン酸を加え、よく混ぜる（鮮やかな赤色に変色）。保存瓶に入れ、冷蔵庫で1カ月保存可能。

ペリエやカルピスで割るのもおすすめです

すだちポン酢

［材料］
合わせ地
- 濃口しょうゆ……500ml
- 千鳥酢（米酢）……350ml
- みりん……150ml
- すだち……果汁150ml分
- 昆布……20g

かつお節……20g

［作り方］
1 鍋に合わせ地を入れ、そのまま1時間置く。
2 鍋を火にかけて、沸騰寸前に昆布を引き上げる。
3 沸騰したら火を弱め、かつお節を加えて5分煮出し、ざるなどでこす。

焼き魚やサラダ、和えものなどのかけじょうゆの代わりに。
小分けにして冷凍保存すれば、1年中重宝します

半量で作ってもよい

夏野菜のしょうゆ漬け

［材料・2人分］
長なす……2本
きゅうり……1本
みょうが……1個
新しょうがの皮（なければ実でも可）……適量
鷹のつめ（輪切り）……適量
濃口しょうゆ……大さじ3

［作り方］
1 長なすはいちょう切りにする。きゅうりは縦半分に切ってスプーンで中の種を取り出し、端から薄切りにする。みょうがは小口切り、新しょうがの皮は千切りにする。
2 保存容器に1と鷹のつめを入れ、濃口しょうゆを加えてざっくりと混ぜ、1日置く。冷蔵庫で1週間保存可能。

秋のしたく

錦市場の店先に新鮮なさんまやさつまいもが並び、いつもの散歩コースを歩けば、銀杏の香りがどこからともなく漂ってくる…。食材が秋の訪れを教えてくれました。金色に輝く栗やたっぷりのきのこを目の前に、秋の実りに感謝しながら腰を落ち着けて、今日も気持ちをゆったりと、したくに取り掛かります。

きのこ

「山の香り」をいただく食材

紅葉が美しい秋のフィレンツェの市場を訪れた時のこと。どこからともなく漂ってくる芳しいきのこの香り。人だかりに目をやると、珍しい種類のきのこが山のように盛られていて、人々が香りを確かめながら、品定めをしているところでした。それを見て「ああ、京都と同じだなあ」とうれしくなりました。

日本でも最近は、やまぶし茸にあわび茸、大黒しめじなど、きのこの種類がずいぶん増え、選ぶ楽しみも増えてきました。しかし、真打ちはやはり、きのこの王様「松茸」。京のお料理屋さんでも、この時期は焼き松茸や土瓶蒸し、松茸ご飯など、それぞれに趣向を凝らし、豊潤な香りをたっぷりと楽しませてくれます。

松茸に限らず、きのこは「山の香りをいただく」食材。味付けはごくシンプルに、山の香りを堪能してみてください。そのための秋じたくは、しっかり引いた1・5番だしでさっと煮る「きのこの保存食」です。

味付けは、美味しさを引き立てる程度のおしょうゆ少々で十分。数種のきのこを混ぜることで、それぞれに異なる香りや食感を楽しむことも。湯豆腐や出し巻き卵、蒸したお魚にかければ、素朴なお料理がたちまち秋らしい一品に早変わりします。また、香りが飛ばないよう、過度の水洗いや加熱に注意して、豊かな風味を味わってみてください。

◆したくのコツ

1 極力、洗わない

豊かな香りを生かすため、できるだけ水で洗わずに使用する。汚れがある場合は、やわらかいブラシなどで払うとよい。

2 手を使う

均等に切り揃える場合は別として、きのこには手で裂くことで得られる美味しさがあります。味もからまりやすい。

◆保存法

きのこの保存食

［材料］

- きのこ数種……500g
- 合わせ地
  - 1・5番だし……1ℓ
  - 薄口しょうゆ……大さじ2
  - 日本酒……大さじ2
- 塩……適量

半量で作ってもよい

1 鍋に合わせ地を入れて火にかけ、沸騰したらきのこを加えてさっと煮る。冷めたら保存容器に入れ、冷蔵庫で4日、冷凍庫で約3カ月保存可能。

ここでは、ぶなしめじ・白舞茸・やまぶし茸・あわび茸・えのきを使用。数種類を混ぜて使うと、より深みのある味、香り、歯ごたえを楽しめる

きのことすだちのおひたし

きのこの保存食にすだちを浮かべるだけ
爽やかな酸味は、箸休めにもぴったり

［材料・2人分］

きのこの保存食（P94）
……… 1.5カップ

すだち ……… 1/2個

［作り方］

1　きのこの保存食を冷蔵庫でよく冷やしておく。

2　器に盛り、薄切りのすだちを浮かべる。

えぐみが出るので、すだちは必ずきのこの保存食を冷やしてから浮かべること

湯豆腐きのこがけ

いつもの湯豆腐が、
秋の訪れを感じさせる旬の一品に

［材料・2人分］
絹ごし豆腐……1/2丁（200g）
きのこの保存食（P94）……適量
三つ葉……適量

［作り方］
1 豆腐は食べやすい大きさに切り、熱湯でゆで、器に盛る。
2 きのこの保存食を鍋で温め、1にかける。細かく刻んだ三つ葉をあしらう。

鴨ときのこのつけ麺

鴨の旨みが最高のおだしに
香ばしい白ねぎもアクセント

［材料・2人分］
白ねぎ……1本
鴨肉……80g
九条ねぎ（青ねぎ）……適量
きのこの保存食（P94）……1.5カップ
薄口しょうゆ……大さじ1
そば……150g
粉山椒……適量

［作り方］
1 白ねぎは4cm程度の長さに切り、さっと火であぶる。鴨肉は薄切り、九条ねぎは小口切りにする。
2 たっぷりの熱湯でそばをゆで、ざるに上げて水洗いをし、水気を切って器に盛る。
3 鍋にきのこの保存食、薄口しょうゆ、鴨、白ねぎを入れ、火にかける。
4 ひと煮立ちしたら器に盛り、九条ねぎを添え、粉山椒をふる。

松茸ご飯

松茸の香りを堪能するには
炊きたてのご飯に加えて蒸らすだけ

［材料・2人分］

松茸……1/2本
三つ葉……1/2束
白米……2合
A
- 1.5番だし……2カップ
- 薄口しょうゆ……大さじ2
- 日本酒……大さじ2

［作り方］

1　米は炊く30分前に洗い、水に浸けておく。松茸は手で裂き、長ければ半分に切る。三つ葉は2cmほどのざく切りにし、松茸と混ぜ合わせる。
2　米をざるに上げて炊飯器に入れ、Aを加えて炊く。
3　ご飯が炊けたら、ふたを開け、松茸と三つ葉を入れてすぐにふたをし、5分ほど蒸らす。
4　全体をざっくりと混ぜて、器に盛る。

ごぼう

秋に欠かせぬ大地のエッセンス

四季の移ろいを和食で表現するには、五感の中でも嗅覚、「季節の香り」が大切な要素となります。

それを実感したのが、ごぼうが手に入らない海外でお料理教室をしたときでした。ごぼう抜きのかやくご飯に豚汁……あれ？ なんだか味にメリハリがない。お料理がびしっと締まらないのです。「なるほど。ごぼうこそが、秋に欠かせないアクセントなんだ」とつくづく思い知らされました。

そう、かき揚げもきんぴらも、粕汁も筑前煮も。どれもごぼうが少し入るだけで、途端に日本の秋らしい香りが口の中いっぱいに広がり、お料理の奥行きがぐんと深くなります。そのエッセンス、一滴たりとも無駄にはしたくありませんよね。

そのためのしたくのコツは、必ず土付きのものを購入すること。皮にこそ美味しさと香りが詰まっているので、たわしで表面の土を丁寧に洗い流したら、皮はむかずに調理をしてください。酢水も基本は不要です。お酢にはアク抜き効果があるのですが、長く浸してしまうと、香りや旨みまで抜けてしまうことも。アク抜きは、あくまで水で「さっとすすぐ」ような感覚で十分なのです。

また、ごぼうは油との相性もいいので、例えばしぐれ煮（Ｐ１０１）にする場合でも、あらかじめ油でしっかり炒めてから煮るのもポイントです。油のコクをまとわせることで、旨みがより発揮されますよ。

◆保存法

光と乾燥を避けるため、新聞紙にくるんで、冷暗所で保存する。

◆したく

1

皮に美味しさが詰まっているので、皮はむかないこと。表面の泥をたわしでしっかり洗い流す。

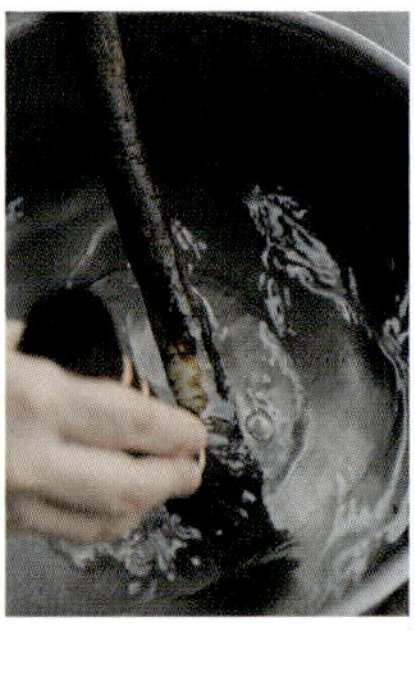

2

ささがきにし、さっと水にさらす。香りと風味が流れないよう、時間はかけず、表面のアクをすすぐ程度の感覚でよい。

● 包丁の位置・角度を一定にして、前後にリズムよく動かすのがコツ

冊
数
書名 京都おかず菜時記
発行所 京阪神エルマガジン社
著者 小平泰子
9784874354025
ISBN978-4-87435-402-5
C0077 ¥1300E
定価1365円
本体1300円
税5%

ごぼうのバルサミコ煮

バルサミコ酢で煮ることで、ふっくらとやわらかく仕上がります。赤ワインとも好相性

［材料・2人分］
ごぼう……1本
ベーコン……70g
玉ねぎ……1/2個
オリーブオイル……大さじ1
水……1.5カップ
バルサミコ酢……1/2カップ
砂糖……大さじ2〜
濃口しょうゆ……大さじ1

［作り方］
1　ごぼうは丁寧に洗い、皮付きのまま適当な大きさに切る。ベーコンは角切り、玉ねぎは薄切りにする。
2　鍋にオリーブオイルを引き、ごぼうをしっかりと炒める。玉ねぎ、ベーコンを加え、それぞれ火が通るまでしっかりと炒める。
3　水とバルサミコ酢を加え、沸騰したら火を弱め、ごぼうがやわらかくなるまで20分ほど煮る。
4　砂糖、濃口しょうゆを加え、全体がとろりとしたら火を止める。冷蔵庫でひと晩寝かせてからいただく。

砂糖と濃口しょうゆは必ず最後に加えて。
バルサミコ酢の熟成度によって砂糖の量を増やしてください

鶏とごぼうの炊き込みご飯

ごぼうの滋味を味わいたいから
具も味付けも、ごくシンプルにしました

［材料・2人分］

白米……2合
ごぼう……1本
鶏もも肉……200g
A ┌ 薄口しょうゆ……大さじ1と1/2
　└ 日本酒……大さじ1と1/2
B ┌ 1.5番だし……2カップ
　│ 薄口しょうゆ……大さじ2
　└ 日本酒……大さじ2

［作り方］

1　米は炊く30分前に洗い、水に浸けておく。鶏肉はひとくち大に切り、Aで下味を付ける。ごぼうはささがきにする。
2　米をざるに上げて炊飯器に入れ、B、鶏肉、ごぼうを入れて炊く。
3　炊き上がったら、ざっくりと混ぜて器に盛る。

ISBN978-4-87435-402-5
C0077 ¥1300E
本体1300円 税5%
売上日
注文日　月　日
注文数　月　日　冊

ごぼうと牛肉のしぐれ煮

ごぼうたっぷりのヘルシーなおばんざい
細切れ肉で十分美味しく仕上がります

［材料・2人分］

ごぼう……1本
牛細切れ肉……200g
ごま油……大さじ1
みりん……大さじ1

合わせ地
- 水……$\frac{3}{4}$カップ
- 日本酒……$\frac{1}{4}$カップ
- 濃口しょうゆ……大さじ2
- 砂糖……大さじ2
- しょうが……1かけ

［作り方］

1 ごぼうはささがきに、しょうがは千切りにする。牛肉は熱湯に入れ、菜箸で軽くかき混ぜ、すぐざるに上げてアクを抜く。

2 鍋にごま油を熱し、ごぼうを炒める。しばらく炒めてしんなりしてきたら、合わせ地を加えて煮る。

3 半分ほど煮つまったら、牛肉を加えて混ぜる。照り付けのため仕上げにみりんを加えて混ぜ、1分後に火を止める。

牛肉のアク抜きは、さっとお湯にくぐらせる感覚で。
加熱しすぎると硬くなり、旨みも逃げてしまいます

根菜と豚の粕汁

少し多めの酒粕でシチュー感覚に
根菜との相乗効果で体も温まりますよ

［材料・2人分］

ごぼう……50g
大根……250g
にんじん……50g
豚もも薄切り肉……100g
ごま油……大さじ1
1.5番だし……3.5カップ
みそ……大さじ2
酒粕……大さじ3
三つ葉……適量

［作り方］

1 ごぼうはささがきに、大根、にんじんは拍子切りにする。豚肉は食べやすい大きさに切る。

2 鍋にごま油を熱し、1の野菜をしんなりして透き通るまで炒める。

3 1.5番だしを加え、途中でアクを取る。全体がやわらかく煮えたら、豚肉を加え、火が通るまで煮る。

4 一度火を止め、みそと酒粕を溶き入れる。再び温めて器に盛り、細かく刻んだ三つ葉をあしらう。

れんこん

シャキシャキ？ それとも、もっちり？

京都盆地を囲む山々が赤く染まり、秋がぐっと深まると、お教室には滋賀に住む親戚が育てた近江米がどっさりと届きます。みずみずしく、つやつやと光る新米を見ていると、いつもより甘じょっぱく味付けしたおかずが無性に食べたくなります。

そこでご登場いただくのが、れんこんです。私は、土付きの丸々としたものを1本買い込んで、いざしたくに取り掛かります。「シャキシャキにしようかな、いや、もっちりも捨てがたい…」と悩む時間もまた楽しい。そう、れんこんは、2つの「和の調理法」によって食感ががらりと変わる、マジカルな食材なのです。

例えば、おなじみの「きんぴら」。強火でササッと炒めることで生まれる、シャキシャキとした歯ごたえと、甘み、旨みが特徴的で、泥の中で育まれたがゆえの滋味深さを味わえます。まずは、白ご飯と一緒に。次に混ぜご飯にしてみてください。これだけで他のおかず要らずの満足感が味わえますよ。

そしてもうひとつが、おろし金を使って「すりおろす」調理法。たったそれだけなのに、火を通すことで独特の「もっちり感」が生まれ、秋の椀物に欠かせないお料理に変身。しみじみとした味わい深さが楽しめます。

れんこんを扱うたびに、日本料理って、素材のことをきちんと知り尽くしたうえで成り立っているんだなあと、つくづく先人の探究心に感嘆させられるのです。

◆保存法

光と乾燥を避けるため、新聞紙にくるんで冷蔵庫で保存する。

◆したくのコツ

1

おろし金は、円を描くようにして使うと、なめらかにおろせる

甘辛れんこんご飯

炊きたての白ご飯に混ぜるだけ
冷えても美味しいのでおにぎりにも

[材料·2人分]

れんこん……200g
鶏ひき肉……200g
しょうが……1かけ
ごま油……大さじ1
砂糖……大さじ3
日本酒……大さじ3
濃口しょうゆ
……大さじ3
ご飯……丼2杯分
三つ葉……適量

[作り方]

1 れんこんの皮をむき、いちょう切りにして、さっと水にさらす。しょうがは薄く皮をむき、みじん切りにする。
2 鍋にごま油としょうがを熱し、香りが立ったられんこんを加えて4分ほど炒める。
3 れんこんが透き通ってきたら、砂糖を加えてよく混ぜ、日本酒、濃口しょうゆの順に加える。ひき肉を加えて混ぜ、火が通り、そぼろ状になったら火を止める。
4 ご飯に、細かく刻んだ三つ葉とともに加え、ざっくりと混ぜる。

蓮餅みぞれ餡

モチモチで香ばしい蓮餅を
あっさり仕立てのみぞれ餡で

［材料・2人分］

れんこん……300g
合わせ地
┌ 1.5番だし……1カップ
│ 薄口しょうゆ
│ ……大さじ1
└ みりん……大さじ1
大根……150g
ごま油……大さじ1
水溶き片栗粉
……片栗粉大さじ1：
水大さじ1
しょうが……適量

［作り方］

1　れんこんは薄く皮をむき、おろす。大根は皮付きのままおろし、ざるに上げ、したたり落ちる水気だけを捨てる。しょうがは薄く皮をむきおろす。
2　テフロン加工のフライパンにごく少量のごま油（分量外）を熱し、れんこんを粘りが出るまで炒める。
3　粗熱がとれたら、手に少量のごま油（分量外）をつけて、ひとくち大に丸める。フライパンにごま油を熱し、こんがりと両面を焼く。
4　鍋に合わせ地を熱し、沸騰したら水溶き片栗粉を加えてとろみをつける。大根おろしを加えてよく混ぜ、ひと煮立ちしたら火を止める。
5　器に3の蓮餅を盛り、4の合わせ地をかけ、おろししょうがを添える。

れんこんのすり流し

まさしく、和のポタージュスープ
フレンチより手軽に作れて便利です

［材料・2人分］

れんこん……100g
あっさりだし
┌ 1.5番だし……2カップ
│ 薄口しょうゆ……大さじ1
└ 日本酒……大さじ1
しょうが……適量

［作り方］

1　れんこん、しょうがは皮をむき、それぞれすりおろす。
2　鍋にA、れんこんを入れてしっかり混ぜ、火にかける。
3　しばらく煮て、全体がとろりとしたら、好みで塩で味をととのえる。器に盛り、おろししょうがを添える。

体も温まり、のどに効くので風邪をひいたときにも

丹波栗

晩のおかずから、おせちまで

京都の栗、といえば丹波栗。松茸と並ぶ丹波地域（京都府中部、兵庫、大阪の一部）の名産で、大粒で甘みが濃く、なめらかなのが特長です。市場の店先にはざるいっぱいにイガ栗が並び、和菓子屋さんからはほくほくの栗がたっぷり入ったおこわやおまんじゅうを蒸す甘い香りが漂ってきます。アア、空高くなんとやら…京の食いしん坊たちの胃袋を刺激する、秋一番のごちそうです。

わが家でも嬉々として栗のしたくを始めますが、この時の必需品が、栗専用のはさみ「栗くり坊主」。名前はキュートながら、力を入れなくても固い鬼皮をスイスイむいてくれる切れモノ。私はこのはさみで、晩のおかずからおやつの渋皮煮、おせちの栗きんとんまで一気にしたくしています。

さて、皆さんは普段どんな栗料理を楽しんでいますか？ 私は今回ご紹介するお料理のほか、肉じゃがならぬ「肉くり」や筑前煮も大好き。そう、栗がじゃがいもや小芋さんの代わりになるんです。定番レシピにこだわらず、「ほくほくとした食感」を思い浮かべていただければ、アイデアは案外身近なところに潜んでいるもの。「栗ってこんなに身近な食材なんだ！」と感じていただけたらうれしいです。

つるりとむけた栗たちは、生のまま保存袋に入れて冷凍保存も可能です。風味も保てるので、お正月の準備も安心。ぜひお試しくださいね。

◆したくと保存法

1

たっぷりの熱湯で1分ほどゆでで、栗の皮むきばさみで鬼皮をむく。

ゆでることで鬼皮がむきやすくなる

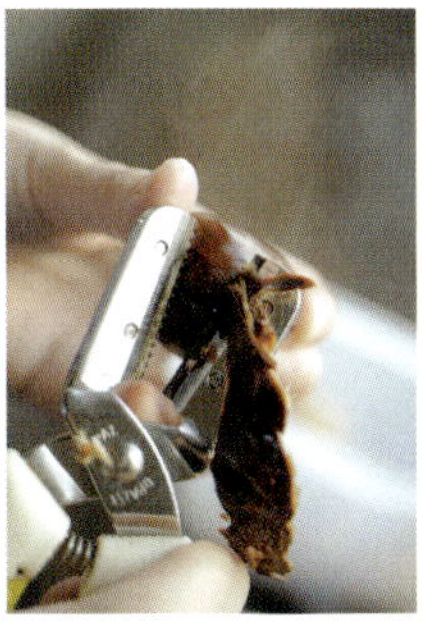

2

包丁で渋皮をむき、たっぷりの水に30分さらしてアク抜きをする。保存袋に入れ、冷凍庫で3カ月程度保存可能。

栗リゾット

日本のお米と1.5番だしで作る
8分間のお手軽レシピ

［材料・2人分］
栗……3個
米……1合
1.5番だし……2カップ
オリーブオイル……大さじ1と1/2
チーズ（パルミジャーノレッジャーノやエメンタールなど）……大さじ4
塩……適量
黒こしょう……適量

［作り方］
1　栗はみじん切りに、米は炒める直前に洗ってしっかり水を切っておく。1.5番だしは温めておく。
2　ふた付きの鍋にオリーブオイルを熱し、米を炒める。透き通ってきたら1.5番だしを加え、すぐに強火にし、栗を加えて鍋底をこそげるようにざっくり混ぜてふたをする。
3　沸騰して蒸気が出てきたら弱火にし、8分炊く。
4　アルデンテにするため、すぐふたを取り、チーズ、塩を加えて軽く混ぜる。器に盛り、チーズ（分量外）と黒こしょうをかける。

- 固すぎたらふたをしてしばらく蒸らすとほど良く火が通ります
- テフロン加工の鍋やフライパンでは水分が飛んでしまうため、ご使用は避けてください

豚ばら黒糖煮

こっくりした黒糖の甘さが秋らしく、
栗と豚肉がうまくマッチします

［材料･2人分］

豚ばらブロック肉……200g
栗……7個
1.5番だし……2カップ
A
- 濃口しょうゆ……小さじ1
- 日本酒……大さじ1
- 黒糖……大さじ1（固形でも可）

ごま油……大さじ$\frac{1}{2}$

［作り方］

1　豚肉は1cmの厚さに、栗は半分の大きさに切る。
2　鍋にごま油を熱し、豚肉の全面に軽く焼き色を付け、出てきた脂をキッチンペーパーで拭き取る。
3　1.5番だし、栗を加え、煮立ったらアクを取る。水で濡らした落としぶたをして10分煮た後、Aを加える。
4　汁気がとろりとしたら器に盛る。好みで練りがらしを添えてもよい。

いもくりなんきんのそぼろ餡

みんな大好き、秋の味覚の御三家を
たっぷり堪能できるレシピです

［材料･2人分］

栗……4個
さつまいも……150g
かぼちゃ……400g
豚ひき肉……200g

合わせ地
- 1.5番だし……2カップ
- 薄口しょうゆ……大さじ2
- みりん……大さじ2
- 砂糖……大さじ1
- しょうが……1かけ

水溶き片栗粉……適量
（片栗粉1：水1）

［作り方］

1　栗は適当な大きさに、さつまいもは2cm幅に切り、水に浸ける。それぞれやわらかくなるまで煮ておく。
2　かぼちゃは種を取り、食べやすい大きさに切る。しょうがは皮を薄くむき、みじん切りにする。
3　別鍋にひき肉と合わせ地を入れ、菜箸で混ぜる。ほぐれたら、かぼちゃを加え、火にかけて沸騰させる。
4　アクを取り、かぼちゃに火が通るまで10分ほど煮る。具のすき間に水溶き片栗粉を少しずつ流し込み、とろみをつける。
5　器に栗、さつまいもを並べ、上から4をかける。

ひと夏越したかぼちゃの甘みが餡を美味しくしてくれます

秋のおもたせ

簡単なのに味は本格派! 私の秘密のレシピです
ワインやひやおろしと一緒にいかがでしょう?

鴨ロース

[材料]

鴨むね肉……1枚(400g)
漬けだれ
- 濃口しょうゆ……3/4カップ
- 日本酒……1カップ

からし……適量

[作り方]

1 たっぷりの熱湯に、鴨肉を5秒ほどくぐらせてアクを抜く。
2 鴨肉が入る大きさの容器に漬けだれを注ぎ、容器を蒸し器に入れて火にかける。蒸気が立ち、たれが沸騰したら鴨肉を入れ、14分半蒸す(写真)。
3 蒸し上がったら、鴨肉とたれを分けて、それぞれ別々に冷ます。
4 再度鴨肉をたれに漬け込んで冷蔵庫で保存する。食べるときは、スライスして器に盛り、漬けだれをかけ、からしを添える。

1日漬けたら、鴨肉をたれから取り出すこと。
ラップに包んで冷蔵庫で4日、冷凍庫で1カ月保存可能

きょうの買い出しメモ

毎朝「イノダコーヒ」で買い出しのメモ帳を眺めながらゆっくりコーヒーをいただいた後、錦市場の中にある顔見知りのお店をのぞいたり、おだしに使うお昆布やかつお節を削ってもらいにいったり、老舗の料理人さんに混じって畑で野菜をもぎったり…。これらは私の大切にしている日課です。

　そういえば昔、祖父が毎朝、近所のお豆腐屋さんに行って、晩ご飯のためのできたてのお豆腐一丁と、コーヒーの空き瓶（今で言う、エコボトルですね）になみなみと入った豆乳をぶら下げて帰ってきては、腰に手を当て豆乳をグビリ。毎朝の習慣にしていましたっけ。そんな姿を当たり前のように見て育ったせいか、焼きたてのパンを買いに行くことと同じように、お豆腐を買いに「とようけ屋」さんへ足を運びます。

「ええ棒鱈入ったで。そろそろ水で戻しとくか」と錦市場の乾物屋「山市」さんのおせちのしたくのすすめ、「ようやくねぎが甘うなってきた。てっぱえにするんがええ」と鷹峯の農家・樋口昌孝さんの声…。京都の旬は、買い出し途中のそこかしこに如実に表れてくるから面白い。そして彼らは、旬の一番良いものをどう扱うべきか的確に教えてくれ、新しいレシピがまたひとつ生まれる。お店の方や農家さんは、私にとってのお料理の先生のような存在です。

　さて今日はどんな収穫があるのかな、とワクワクしながら、今朝も買い出しに出かけます。

冬のしたく

突き刺すような寒さは苦手だけれど、美味しい野菜のためならばとグッと我慢。これこそ京の冬野菜を美味しくしてくれる大事なプロセス。お菜っぱに九条ねぎ、お大根。どれも京の気候が育んだ、立派な冬の食材。白い息を吐きながら食材と対話し、立ち込める湯気の中での冬のしたくは、豊かなひとときです。

ふろふきを冬の常備菜に

大根

京都の師走の恒例行事として知られる千本釈迦堂さんの「大根焚き」。２日間で約５０００本が、直径１ｍもの鍋で焚き上げられる様は圧巻です。釈尊が悟りを開いた日にちなむこの祭事は、お大根の切り口にカラメルで梵字が書かれており、厄除け・中風封じのご利益があるそう。そして、ここでも祖父母が大活躍。毎年寒空の下、長蛇の列に並んで参拝し、熱々のお大根をいただいた後は、家族の分まで容器に入れて持ち帰り、「風邪ひかんように、食べとおき」と食べさせてくれました。

　幼い頃の私は、そんなご利益はつゆ知らず。でも、滋味深い味わいが、なんだかとても体に良さそうな気がして、ありがたくいただいていたものでした。それにしても、古い謂われが今日まで伝えられているなんて。京都の人は、お大根がどれほど体にやさしいのか、昔からきちんと知り尽くしていたのでしょうね。

　わが家も冬になると、２本分のお大根をふろふきにします。その名の通り、たっぷりのお湯の中で、ふくふくと気持ち良さそうに煮えたお大根からは、じんわりと甘みが引き出されます。その姿もお味も、ありがたいご利益のよう。おみそを付けていただいたり、煮ものにおでん、ぶり大根など、冬に欠かせないお料理が、このしたくでさっと作れるなんて、なんてありがたいことでしょう。

◆したく

ふろふき大根（水煮）

1 大根は３㎝幅に切る。皮を分厚くむき、片面にだけ、半分の厚さまで包丁で十字に切り込みを入れる。皮と葉は捨てずにとっておく。

皮をむく範囲は、大根の内側に見える輪の部分まで

2 鍋に昆布を敷き、大根の切り込みを下にして並べる。かぶる程度の水を張り、ひと握りの白米を入れ、落としぶたをして強火にかける。

3 沸騰したら、大根同士がぶつからない程度の火加減にし、竹串がすっと通るまでゆでる。火を止め、水でさっとぬめりを洗い流す。

◆始末

大根のふりかけ

1 皮と葉をみじん切りにする。

2 ごま油でさっと炒め、ちりめんじゃこ、濃口しょうゆ、日本酒で調味する。仕上げにごまをふる。

炊きたてのご飯のお供に、おにぎりや塩焼きそばの具にお使いください

京の味覚たっぷりのおでん

京食材をふんだんに使って豪華に
湯葉、ごぼ天もよく合いますよ

[材料･2人分]

具材
- ふろふき大根(P112)……4個
- えび芋……1個
- 牛すじ……4串
- 生麩……½本
- 赤こんにゃく……½枚
- 卵……2個
- 花天……2個
- ひろうす……2個
- 水菜……½束

A
- 1.5番だし……4カップ
- 薄口しょうゆ……大さじ1と½
- みりん……大さじ2
- 日本酒……大さじ1と½

[作り方]

1　えび芋は厚く皮をむき、やわらかくなるまで煮る。牛すじは「牛すじのたいたん(P67)」を参考に下処理をする(市販品でも可)。

2　生麩は4cmの長さに切る。赤こんにゃくは3cm×3cmのサイコロ状に切り、さっとゆでて水洗いする。卵は水に入れ、沸騰したら13分ほどゆで、冷水にとり殻をむく。

3　大鍋にA、水菜以外の具材を入れて火にかける。煮立ったら弱火にし、15分ほど煮たら火を止め、そのまま冷まして味を含める。

4　食べる直前に再度火にかけて温め、3cmほどの長さに切った水菜を加えてさっと煮る。好みで、練りがらしや刻みねぎを添えてもよい。

「赤こんにゃく」は近江八幡特産。
ベンガラと同じ「三二酸化鉄」が入っていて、
鉄分を補給できます

大根ステーキ

ふっくら炊いたふろふきのおかげで
表面はこんがり、中はジューシーに

[材料・2人分]

ふろふき大根（P112）……4個

合わせだれ

- みりん……大さじ1
- 砂糖……小さじ$\frac{1}{2}$
- 濃口しょうゆ……大さじ1

ごま油……小さじ$\frac{1}{2}$

花かつお……適量

[作り方]

1 フライパンにごま油を熱し、大根の両面をこんがり焼く。

2 キッチンペーパーで油を吸い取り、火を止める。すぐに合わせだれをかけ、余熱を利用して軽く煮つめながら、菜箸で大根を上下に何度か返して、たれをからめる。

3 器に盛り、フライパンに残ったたれをかけ、花かつおをかける。

ぶり大根

ぶりのアラがなくてもご安心を
1.5番だしの旨みが助けてくれます

[材料・2人分]

ぶりの切身……2切れ

ふろふき大根（P112）……4個

しょうがの皮（しょうがの薄切りも可）……適量

A
- 1.5番だし……2カップ
- 日本酒……$\frac{1}{2}$カップ
- 濃口しょうゆ……$\frac{1}{4}$カップ
- みりん……$\frac{1}{4}$カップ
- 砂糖……大さじ1

[作り方]

1 熱湯でぶりをさっと湯通しし、臭みを消す。

2 鍋に大根を並べ、その上にぶりを置き、Aとしょうがの皮を入れる。水で濡らした落としぶたをし、火にかける。

3 沸騰したら火を弱め10分ほど煮たら、落としぶたをはずし、煮汁を回しかけ、色つやが出たら火を止める。

4 器に盛り、好みで柚子の皮や練りがらしを添える。

京のお雑煮

新年の始まりはこのお雑煮から
本来は縁起の良い「祝い大根」を使います

［材料·2人分］
ふろふき大根（P112）………2個
金時にんじん*………適量
かしら芋（えび芋、里芋も可）………1個
丸餅………2個
水………2カップ
昆布………はがき大1枚
白みそ………大さじ5〜
花かつお………適量

*ここでは中抜きした小さなものを使用

［作り方］
1　鍋に水、昆布を入れて10分ほど置いておく。
2　金時にんじんは皮付きのまま薄切りに、かしら芋は厚く皮をむき、それぞれやわらかくなるまで煮る。丸餅は熱湯でやわらかく煮る。
3　1の昆布の鍋を火にかけ、鍋肌に細かい気泡が出てきたら、白みそを溶かし入れ、大根、かしら芋、金時にんじん、丸餅を入れてさっと煮る。
4　器に3の具と汁を入れ、花かつおを添える。

九条ねぎ

底冷えが生む冬のハーブ

千葉からお越しの生徒さんが、おっしゃいました。「京都の八百屋さんで、『九条ねぎの青い部分を落としといてください』と言ったらびっくりされました」。確かに、関東でおねぎといえば「白ねぎ」ですから、無理もない話です。しかし京都では、この「九条ねぎ」こそがおねぎの王様。悲しくも落とされようとした、この青い部分が主役なのです。おうどん、炒めものに煮ものまで。お料理のアクセント、つまりハーブ的な役割を果たし、かつメインとしても活躍する、代表的な京野菜のひとつです。

最近では年中売られているので、わが家でもお揚げさんの登場回数と同じくらいの必須食材です。でも、本当の旬は真冬。「イケズ」なくらいに底冷えし、霜が降りるほどの寒〜い時季にこそ、香りも甘みもグッと増します。そして、歯ごたえはあるけれど、ぽってりとやわらかいという、九条ねぎ本来の旨みを味わうことができるのです。

したくの際には斜め切り、小口切りの2種類をたっぷりと用意し、保存袋に常備します。同じ九条ねぎなのに、切り方ひとつで、味や香りががらりと変わるのが面白い。思い出してみてください。カレーうどんや親子丼に乗っているおねぎは斜め切りでしょう？　きっと、単に見た目が美しいからだけではなく、この方がより青々とした香りや歯ごたえを、まるでお菜っぱのように味わえるからだと思うのです。

◆したくと保存法

1 斜めに薄切り、または小口切りにして、たっぷりの水にさらす。

2 水気をしっかり切り、保存容器に入れて、冷蔵庫で保存する。

九条ねぎ入り肉飯

お手頃な牛細切れで十分
1.5番だしの旨みをたっぷり効かせて

[材料·2人分]

牛細切れ肉……200g
九条ねぎ(斜め薄切り)……2本
あっさりだし
- 1.5番だし……2カップ
- 薄口しょうゆ……大さじ1
- みりん……大さじ1

ご飯……2杯分
水溶き片栗粉
……適量(片栗粉1:水1)

[作り方]

1　熱湯で牛肉をさっとゆで、アクを抜き、ざるに上げて水気を切る。

2　鍋にあっさりだしを入れて火にかけ、沸騰したら1と九条ねぎを入れて火を通す。好みで塩を加えてもよい。

3　ひと煮立ちしたら水溶き片栗粉を加え、とろみをつける。器にご飯をよそい、2をたっぷりかける。

九条ねぎときざみぎつねのおうどん

具は九条ねぎとお揚げさんのみ
おねぎの香りが一番のごちそうです

[材料・2人分]

油揚げ……1/4枚(20g)
九条ねぎ
(斜め薄切り)……2本分
あっさりだし
- 1.5番だし……2カップ
- 薄口しょうゆ……大さじ1
- みりん……大さじ1

ゆでうどん……2玉

[作り方]

1 油揚げは縦3等分にし、端から5mmの幅に切る。あっさりだしと一緒に鍋に入れて火にかける。
2 沸騰したら九条ねぎを加えて軽く混ぜ、火を止める。
3 別鍋にたっぷりの熱湯を沸かし、温める程度に30秒ほどうどんをゆで、ぎゅっと水気を切る。
4 器にうどんを盛り、上からたっぷり2をかける。

豚しゃぶの香り揚げ

ねぎと紹興酒の香りがポイント
ついついつまみ食いしてしまいますよ

[材料・2人分]

豚ロースしゃぶしゃぶ用
(細切れも可)……200g
九条ねぎ
(斜め薄切り)……1本分
濃口しょうゆ……大さじ1
紹興酒……大さじ1
片栗粉……大さじ1
揚げ油……適量

[作り方]

1 ボウルに豚肉、九条ねぎ、濃口しょうゆ、紹興酒を入れて手でよく混ぜ、10分置いて味をなじませる。
2 片栗粉を加え、さらによく混ぜる。
3 1をピンポン玉大に、くしゅっとひとつに丸めるようにまとめ、170度の揚げ油で2分弱揚げる。

- 片栗粉のおかげで細切れ肉でもうまくまとまります
- 牛ロースを合わせても美味しい

おからチゲ

ソウルで食べた感動を再現しました
おからと豆乳を美味しくいただく自信作!

[材料·2人分]

豚もも肉……100g
絹ごし豆腐……1/4丁
キムチ……100g
おから……120g
九条ねぎ(斜め薄切り)……適量
1.5番だし……2カップ
みそ……大さじ1と1/2～
豆乳……3/4カップ
ごま油……大さじ1

[作り方]

1　豚肉は食べやすい大きさに切る。
2　鍋にごま油を熱し、豚肉を炒める。火が通ったらキムチを加えてさっと炒める。
3　1.5番だし、おからを加え混ぜ、スプーンでざっくりすくった豆腐を入れて煮る。
4　ひと煮立ちしたら、一度火を止め、みそを溶き入れ、豆乳を加える。再び火にかけ、沸騰寸前に火を止め、九条ねぎを加える。

- 豆乳は沸騰させたり、温め過ぎると固まるので注意
- お餅を入れても美味しい

お菜っぱ

手軽に食べられる温サラダ

京都には、しろ菜、菊菜、水菜などたくさんの種類のお菜っぱがあります。「どれが本当のお菜っぱ？」と聞かれそうですが、おそらく、これらを全部ひっくるめて「お菜っぱ」と呼んでいるのでしょうね。

子どもの頃、母に「今日の晩ご飯はなに？」とたずねると、私たちが喜びそうなコロッケやハンバーグなどのおかずに加えて、必ずといっていいほど「お揚げさんあるし、お菜っぱとたいといたえ」と返ってきたものでした。これが京都の代表的なおばんざいのひとつ「お菜っぱとお揚げさんのたいたん」（P26）です。アクの少ないお菜っぱには、薄味のおだしと淡白なお揚げさんがよく合います。手軽に作れて、冷めても美味しい。たっぷりサラダのように食べられて、しかも汁気がおつゆの代わりにもなる。お商売人が多く、忙しい京都の生活には、切っても切れないお料理なのです。

また、鷹峯で十四代続く農家の樋口昌孝さんは「野菜をもっと勉強しろ」といつも挨拶のようにおっしゃるのですが、その樋口さんが教えてくださったのが「菊菜のしゃぶしゃぶ」（P122）です。香り高い菊菜は葉がとてもやわらか。淡白なお魚と一緒に昆布だしにさっとくぐらせ、ぱらりと塩をかけるだけで、驚くほど美味しいのです。お菜っぱの手軽さと美味しさを、あらためて実感することができたレシピです。

◆したく

1

たっぷりの熱湯を沸かし、茎からゆでる。しんなりしたら葉も湯の中に入れる。

沸点が下がらない程度に、少量ずつゆでること

2

葉の色が濃くなったら引き上げ、たっぷりの冷水にさらす。冷えたらすぐに引き上げる（水っぽくならないように）。茎から葉先に向けて、「赤ちゃんの手を握るくらい」の力加減で絞る。

いろんなお菜っぱのごま和え

さまざまなお菜っぱを合わせることで
香りと味の奥行きが、グンと広がります

［材料·2人分］

お菜っぱ（菊菜、ほうれん草、小松菜など）
……… 全1わ分

ごまだれ（P84と同じ）

- いりごま……… 大さじ4
- 練りごま……… 大さじ2
- 薄口しょうゆ……… 小さじ1
- 1.5番だし……… 大さじ4

［作り方］

1　お菜っぱのしたくをし（P120）、2cmほどの長さに切る。

2　すり鉢でごまだれを作る（P84「賀茂なすのごまだれ」手順3を参照）。

3　2の中に1を入れ、手でざっくりと混ぜる。

手がいちばんの調理道具。
素材の様子を窺いながら、ほど良く混ぜて

水菜としば漬けの皿うどん

水菜のシャキシャキ感としば漬けの酸味で、
さっぱり、あっさりとした味わいに

[材料・2人分]

水菜……1/2わ
豚細切れ肉……50g
しば漬け……大さじ1〜
ごま油……大さじ1
あっさりだし
- 1.5番だし……2カップ
- 薄口しょうゆ……大さじ1
- みりん……大さじ1

塩……適量
水溶き片栗粉……適量
（片栗粉1：水1）
揚げそば……2玉

[作り方]

1 水菜は3cmの長さに、豚肉はまとめて細切りにする。しば漬けはみじん切りにする。
2 鍋にごま油を熱し、豚肉を炒める。軽く火が通ったら、水菜を加えてさっと炒め、あっさりだしを加える。
3 沸騰したら塩で味をととのえ、水溶き片栗粉で好みの固さにとろみをつける。火を止め、しば漬けを加えてざっくりと混ぜる。
4 皿に揚げそばを盛り、上から3をたっぷりとかける。好みでかつお節をかけてもよい。

しば漬けの代わりにたくわんを入れたり
揚げそばの代わりに軽く温めた厚揚げにしても

菊菜のしゃぶしゃぶ

まずは塩だけでどうぞ
お好みでいろんなアレンジをお楽しみください

[材料・2人分]

菊菜（春菊でも可）……1わ
さわら（切身）……200g
水……1ℓ
昆布……はがき大1枚

つけだれ
- 塩、ポン酢、ごまだれ、
- エキストラバージンオイル、
- すだちなど

[作り方]

1 菊菜は根を落とし、食べやすい長さに切る。さわらは薄切りにする。
2 土鍋に水、昆布を入れて1時間ほど置き、火にかける。
3 鍋肌に細かい気泡が出てきたら、昆布を取り出す。さわら、菊菜をさっとくぐらせる。好みのつけだれでいただく。

冬のおもたせ

私の年末の恒例行事のひとつ
1年間の感謝を込めてしたくしています

かしわと魚の西京漬け

［材料］

魚（ぶり、さわらなど）……… 4切れ
鶏もも肉……… 1枚（350g）
塩……… 適量
粒みそ（または白みそ）……… 250g
砂糖……… 適量
日本酒……… 大さじ1

［作り方］

1 魚、鶏肉にそれぞれ薄く塩をふる。表面に軽くかかるくらいでOK。そのまま30分置き、水分が出てきたらキッチンペーパーなどで拭き取る。
2 ボールに粒みそ、砂糖、日本酒を入れてゴムベラでよく混ぜ、1の表面に塗る。
3 魚は3日、かしわは4日ほど置く。
4 食べるときはキッチンペーパーなどでみそを軽く拭き取り、魚焼きグリルやトースターなどでじっくり火が通るまで両面焼く。

みそは「漬ける」というより、「塗る」程度の量で十分です。
残った漬けみそは冷蔵庫で1カ月保存可能なので
残り野菜でもお試しください。

私の大切なお道具たち

すり鉢や竹串、京の職人さんが手がけた金物……。
使い勝手が良くて、素材が喜び、料理の良さをぐっと
引き立ててくれるお道具は、私の右腕のような存在です。
使うたびに、昔の人の知恵の豊かさや、
職人さんの丁寧な手仕事にほれぼれとしてしまうのです。

実用性と機能美

有次のアルミ組鍋とやっとこ

小鍋はちょっと温めたいときに、中鍋は煮炊きもの、大鍋はパスタやお煮しめにと、有次さんの組鍋は毎日大活躍。重ねて収納できるので場所も取りません。ばら売りもされているので、ひとつずつ集めても。

曾祖母の嫁入り道具です

すり鉢とすりこぎ

ごま和えからドレッシング、混ぜご飯、ジェノベーゼまで、「する」「混ぜる」の2役をこなす、大切な宝物。溝に埋まったごまの化石と、年月とともに短くなったすりこぎが、わが家で愛されてきた証拠です。

自分の腕より頼っています

有次のおろし金

しょうがや柚子など薬味の準備はもちろん、お野菜をふわふわでなめらかにおろせるので、かぶら蒸しやみぞれ餡作りに欠かせません。目立てのメンテナンスもしてくださるので、一生ものとして愛用しています。

小回りが効くサイズ感

包丁(有次)
ペティナイフ(MORA)

お教室の包丁は、14.5cmとかなり小さめ。手になじむサイズで、無理なく使いこなすことが、お料理好きになる第一歩。ペティナイフを活用するのも同じ理由です。

所作まで美しくなれる?

市原平兵衛商店の
京風もりつけ箸

箸先はごまも楽につまめる繊細さ。斜めに削いだ部分はやわらかい煮ものを扱うときに実力を発揮。美しいデザインは、使う人の所作も美しくしてくれる気がします。

実は私、おふきんマニアです

パシーマふきん

竹布食器洗いクロス

食器拭きは、使い込むほどにやわらかくなじみ、吸収力もあるパシーマ（脱脂綿×ガーゼのキルティング布）、台ふきんは、抗菌作用のある竹布を使っています。

一番ものを通さない「布」

コーヒーネル

毎朝通う珈琲店のカウンターで、ある日「これだ!」と大発見。以来、業務用の大きなコーヒーネルを使って、1.5番だしをこしています。布の目が細かいから、透明で純粋な金色のおだしが引けるんです。

重しをかけるのもラクラク

四角い漬物容器

お豆腐一丁がぴったり入るので、水切りにも重宝しています。ハンドルをくるくる回して素材に合った圧を調整できるところがお気に入り。残り野菜や旬のお野菜のお漬物にも活躍します。ぜひ一家に一台。

驚きの抗酸化作用が!

エンバランスの

新鮮チャック付き袋

クタッとなりやすい青しそや葉野菜の鮮度を保持してくれる現代の名道具。常備菜もこれで保存すると、なぜだか美味しくなります。ぬか床容器（P47）もこちらのもの。

突き刺すだけが仕事じゃない

竹串

焼き鳥専用にあらず!　10本ほどを輪ゴムで束ねてすり鉢の目のお掃除や、おせちの数の子の筋取り、具材の煮え具合の確認などに活用しています。私にとってはかゆいところに手が届く、孫の手的存在です。

お掃除が楽しくなる

内藤商店の

シュロの切りわらたわし

小さい方はおろし金の目のお掃除に、大きい方はお野菜の上を洗い流すときに使っています。どちらも絵筆のように持ちやすく、負担なく作業ができるのがうれしい。

「ご飯を食べ終わる前に、お番茶注いでお茶漬けにして、お碗をきれいにしてからごちそうさまを言うんやで」。これは祖父の食べものへの感謝と、お台所を司る者を気づかう言葉。「野菜の皮を安易に捨てたらあかん。もったいないし、それを油で炒めてでき上がったのがきんぴらやろ？料理教室がなかった頃はそうやって五感使うて試行錯誤して作ったもんや」。これは農家・樋口昌孝さんの食べものを慈しむ言葉。どちらも素晴らしい京都の食習慣であり、お料理にたずさわる現在の私の礎となっている教えでもあります。

こんな風に、京の街の人々から自然と受け継いだ豊かな暮らしの知恵を、皆さまにもお伝えしたい。そんな想いから始めたお料理教室で、これまでお教えしてきたことや、生徒様から太鼓判をいただいたレシピを、ぎゅっと一冊に詰め込ませていただきました。少しでも、皆さまの日々のお料理のヒントになれば幸いです。

ふろふき大根が美味しく感じられる季節になった京都にて。

五感食楽お料理教室 京都　小平泰子

小平泰子（こひらやすこ）

料理家。１９７７年京都生まれ。食べることが大好きな家族の影響で、幼い頃から料理に興味をもつ。老舗料亭や禅寺で指導を受け、タイ、台湾、フランス、韓国などでも料理を学ぶ。２００３年、京都でおばんざいや海外の家庭料理のエッセンスも取り入れた料理教室を始める。雑誌、テレビなどに出演するほか、海外で和食の料理教室もおこなっている。

五感食楽 お料理教室 京都

（ごかんしょくらく）

錦市場にほど近い、マンションの小さな一室で少人数制のお料理教室を毎日開講。おばんざいや、旬の京食材で手軽に作れる料理を教えるほか、京の料亭店主を招いての料理教室や、旬の食に関する講座を定期的に開催。全国各地、海外からも幅広い年代の生徒が集う。

http://www.gokan-shokuraku.id.nu/

料理・文
小平泰子

企画
山口紀子

撮影
エレファント・タカ

デザイン
津村正二

編集
村瀬彩子

撮影協力
とようけ屋山本
樋口農園
六々堂
うつわやあ花音
ミートディッシュ
小松華功
小川宣之

京都おかず菜時記

五感食楽 季節のしたく

二〇一二年十一月三十日　初版発行

著者――小平泰子

発行人――廣實留理

発行所――株式会社 京阪神エルマガジン社
〒五五〇-八五七五
大阪市西区江戸堀一-一〇-八
電話 〇六-六四四六-七七一六（編集）
電話 〇六-六四四六-七七一八（販売）
ホームページ www.Lmagazine.jp

印刷――大日本印刷株式会社

ISBN978-4-87435-402-5　C0077